人间
惊鸿客

王磊 著

中国 友谊出版公司

司马相如

爱我，你怕了吗

人间惊鸿客

西汉景帝年间，蜀郡成都的街头，一个带着孩子的父亲遇到了自己的一个朋友。

那位朋友打招呼道："哟，司马兄，这是上哪儿去啊？嗬，这是令郎吧？都长这么大啦！"

被称作"司马兄"的大叔摸着自己儿子的脑袋说："哎呀，正是犬子。来，犬子，快叫叔叔！"

古人称自己的儿子为"犬子"，大多是一种谦称。对他人尽量往高了抬，对自己尽量往低了说，这是中国人自古以来的谦卑。所以问别人要用"尊姓"，介绍自己要说"鄙姓"；提到对方媳妇要说"令正"，讲到自己老婆就得用"贱内""拙荆"①什么的。

---

① 旧时对自己妻子的谦称，又作山荆、荆室或简称为荆。荆为一种灌木，在古代还用来制作妇女的发钗，称为荆钗。荆钗布裙，指以荆枝为钗，粗布为裙，形容妇女简陋寒素的服饰。后来还演变成对自己妻子的谦称。

不过司马大叔还真不全是谦虚。

因为他儿子的名字真的就叫犬子①，翻译过来就是"狗子"小朋友。

在古人看来，狗是狩猎的帮手，生活的伙伴，是个褒义大于贬义的词。比如《国语·越语》中就记载，越王勾践为了鼓励生育，规定老百姓生了男孩，就奖励两坛酒和一只猎犬；汉高祖刘邦在分封功臣时，把功劳最大的萧何比作"猎人"，把其他立功的手下比作"猎犬"，这都体现了古人对狗的肯定。所以称自己的儿子为"犬子"，既是一种自谦，也有着美好的寓意。

不过就算这样，"司马狗子"这个名字还是让当事人觉得过于不雅，于是他长大后就根据偶像蔺相如的名字改了一下。从这一天开始，司马犬子就变成了司马相如。

不过名扬后世的司马相如，这一路走来可不容易。

司马相如从小学习诗书和击剑，算是个文武双全的"硬派小生"。可惜的是，当时的汉朝最不需要的就是硬汉。自汉高祖以来，汉朝奉行对外和亲、对内休养生息的国策，因此太平盛世时期没有那么多驰骋疆场、纵横捭阖的机会。

所以司马相如一狠心一咬牙，就用家里的钱给自己买了个官，

---

① 见《史记·司马相如列传》。

光荣地成了汉景帝的武骑常侍。

这个官听起来似乎很"高大上"，其实主要工作也就两项：一是在皇帝出行的时候站岗放哨，二是在皇帝打猎的时候喝彩叫好。通俗来说，就是皇帝的安保组兼气氛组，是那种多你一个不多，少你一个也不少的尴尬存在。

工作干得不顺心，司马相如就辞职南下，投入了文学"发烧友"梁王刘武的怀抱。在这里，司马相如终于找到了挥洒自己才华的机会，闻名后世的《子虚赋》就是创作于这一时期。

然后他就又失业了，因为梁王刘武死了。

没了"金主爸爸"的支持，司马相如再有才华也没法变现，只能灰溜溜地回四川老家。走过了这么多的弯路之后，司马相如决定抄一回近道：先成家，再立业。

通俗来说，就是软饭硬吃，给自己找一张长期饭票。

当时的临邛^①令王吉是司马相如的老朋友，他给司马相如透露了一个非常重要的情报：

临邛当地有一个钢铁巨头，名叫卓王孙，卓王孙有个女儿叫卓文君，年纪不大就守寡在家。谁要是能娶到这位当地首富的女儿，还愁下半辈子没钱花吗？

此时的司马相如虽然有点小名气，但也没到万人景仰的程度，

---

① 巴蜀四大古城之一，今四川省邛崃（Qiónglái）市。

他的那点家底也早就在这几年"外出务工期间"折腾光了。无论怎么想，他都很难娶到卓文君这样的"白富美"。

不过办法都是人想出来的。

问：司马相如要娶到卓文君，拢共分几步？

答：三步。

第一步，把噱头搞起来。

第二步，将人设立起来。

第三步，让气氛嗨起来。

很快，临邛的老百姓就看到了神奇的一幕。大伙儿眼中高高在上的王县令突然百般殷勤地出现在"县招待所"门口，哭着喊着要见一个叫司马相如的人。最关键的是那个什么司马相如压根儿就不给面子，高傲得很。就这样，王县令还是甘之如饴，上赶着"求打脸"。

大家内心的八卦之火一下就被点燃了，一顿打听，终于搞到了这位大人物的基本信息：才华横溢、名满天下、出行有派、穿着讲究、单身未婚……

哎呀！这简直就是人中龙凤，金灿灿、亮闪闪的人类高质量男性啊！

当然，光有抓人眼球的标签还不够。优秀的人多了，也没啥了不起的。还要树立更"高大上"的人设，让人求而不得，这样才能突出自己的稀缺性。

临邛当地的头面人物听说县里来了名人，自然要招待一下。于是他们安排筵席，邀请王县令和这位司马大才子一同出席。

开席当天，王县令春风满面地来了，又怒气冲冲地走了。

因为那位传说中的大才子推说自己身体不舒服，根本就不肯来。

王县令临走前撂下一句话："司马先生不来，这饭吃着还有什么意义！"然后他丢下满座宾朋，飞奔去请司马相如，大有请不来司马大才子誓不罢休的意思。

卓王孙等"主办方"这下子傻了眼，感叹这司马相如果然是大才子啊，能让王县令这么重视。如此神仙般的人物到底能不能来赏个脸，大家心里都忐忑得很。

然后，司马相如就来了，勉为其难地、降尊纡贵地来了，满脸都写着不情愿，一副"我是真不想来，你们非得逼我干甚"的样子。

在座的所有人都对司马大才子的出场报以热烈的欢迎。一方面他们觉得能请到这位大才子真是太不容易，太给自己长脸了，另一方面也确实是饿了半天，这回正主来了总算能动筷啦！

司马相如在众人仰慕不已的目光中落座。刚一坐下，王县令立刻又扯起了话头说："哎呀，我听说司马先生特别擅长弹奏古琴，何不借此机会让我们大家也感受一下高雅艺术的魅力？"

司马相如自然还是端着架子，但是在王县令的"助攻"下，他只能再次无奈地选择顺应民意，当场弹了一首《琴歌》，这就是流传后世的求爱神曲——《凤求凰》：

…………

凤兮凤兮归故乡，遨游四海求其凰。

时未遇兮无所将，何悟今兮升斯堂！

有艳淑女在闺房，室迩人遐毒我肠。

何缘交颈为鸳鸯，胡颉颃兮共翱翔！

…………①

在场所有人都听得如痴如醉。当然有的人是真听懂了，有的人则纯粹是因为气氛烘托到位了，哪怕自己一个调都没听出来也跟着叫好。

可惜他们的喝彩再疯狂，对司马相如而言都没有意义，因为他这首曲子只是弹给一个人听的，这个人就是此时正在屏风后面偷窥的卓文君。

卓文君热爱文学和音乐，哪会错过这个和大才子亲密接触的机会。虽然她没法上桌吃饭，但从旁边偷摸看看还是可以的。

司马相如琴歌一起，卓文君就觉得每一个音符、每一句歌词都是唱给自己听的。虽然高朋满座，她却好像听了一场只属于她一个人的演唱会。

这就是司马相如想要的效果。

当筵席结束后，司马相如趁热打铁，重金收买了卓文君身边的

---

① 见《史记索隐》。

侍女，向佳人转达了自己的爱意。在如此环环相扣的设计下，全程被蒙在鼓里的卓文君满心欢喜地以为自己遇到了传说中的真爱，二话不说就跟司马相如私奔去成都了。

可一到了成都，卓文君却傻眼了。她知道司马相如不如自己有钱，但真没想到他能这么穷。史书记载司马相如"家徒四壁"，直接点说，他家就是个毛坯房，除了四面墙啥也没有。

堂堂临邛首富之女，从来就不知道"苦"字怎么写的卓文君，在毛坯房里体验了几天的人间疾苦后，终于开始认真地考虑起自己的生活问题。准确地说，是生存问题。

她的私奔让老父亲卓王孙丢尽了脸面。卓王孙放出话来，一个铜子都不会给小两口，就差登报断绝父女关系了。

但就这么窝在成都也不是事，还是得回临邛。于是在卓文君的提议下，小两口回到临邛，凑钱开了个小酒店。卓文君在柜台卖酒，司马相如则穿着犊鼻裈（kūn）跑堂。

犊鼻裈是古代的一种内衣，类似今天的大裤衩，在当时是底层人干活的时候穿的。司马相如摆明了是做给岳父看，如果你卓王孙觉得我这个便宜女婿赤身裸体不够丢人，你女儿还在那儿抛头露面地"当垆卖酒"呢！这时候比的就是谁的脸皮更厚了。

事实证明，卓王孙的偶像包袱还是更重一些，所以他也只能选择认栽，给了司马相如和卓文君一大笔钱，让他们赶紧停止自己的"行为艺术"。

从此以后，司马相如和卓文君才真正脱贫，过上了富足的生活。这就是司马相如"琴挑文君""凤求凰"的故事。

读到这里，很多小伙伴可能都有点怀疑人生。不是说司马相如和卓文君的故事是才子佳人的浪漫故事吗？怎么一点也看不到你情我愿、双向奔赴，反而是卓文君全程被司马相如套路？

其实很简单，因为今天我们熟悉的"凤求凰"已经是无数后人加工过的版本，里面掺杂了人们对于浪漫爱情的太多向往和想象。

事实上，司马迁写到司马相如追求卓文君时，上来就写了一句"临邛令缪为恭敬"。"缪为恭敬"就是假装恭敬，这词已经一针见血地指出了县令王吉就是司马相如的"托儿"。至于其他的环节，比如光鲜亮丽的外表啊，名士大家的做派啊，都是那钓鱼的饵。

而这里面最绝的设计当属司马相如琴歌求爱的环节。

针对卓文君音乐"发烧友"的属性进行精准投送，这已经很巧妙了。更巧妙的是，司马相如其实是在扬长避短。因为司马迁写得很清楚，司马相如这位才华横溢的"汉赋第一人"还有两个小毛病——糖尿病和口吃。

糖尿病虽然损害健康，但至少表面上看不出来，反正那个时代又没有婚前体检，身体出了问题也不耽误找媳妇。

但口吃就不一样了，堂堂大才子竟然是个结巴，这要是传出去会让人笑掉大牙的。所以对于"说的不如唱的好听"的司马相如来说，只弹琴，少说话，这完全就是为了掩盖自身缺陷而想出来的策略。

　　总结起来就是，在司马相如追求卓文君的整个过程中，虚假宣传、饥饿营销、先斩后奏、捆绑销售，这些坑人、蒙人的手段一个不落地用上了。如果这能算爱，那只能说大家对于婚托诈骗的容忍度未免过高了。

　　而且司马相如和卓文君的故事还有续集，这就是"茂陵聘妾"的桥段。

　　说的是司马相如后来发达了，他的赋受到了汉武帝的赏识，他还作为外交官出使西南，极大地稳定了汉朝的边疆局势，很对得起他司马相如这个名字了。

　　此时的司马相如再不是要靠着老婆娘家贴补的"软饭男"，自然也就看不上朱颜不再的卓文君了。他相中了一个茂陵的女子，想要娶回来做小老婆。

　　卓文君自然是伤心欲绝，于是写下了一首《白头吟》来控诉负心汉。其中那句"愿得一心人，白头不相离"，简直就是对渣男行为的灵魂暴击，直接把司马相如说得羞愧难当，于是这娶小老婆的事也就不了了之了。

　　这部分的内容出自东晋的《西京杂记》和南朝沈约的《宋书》，都属于后人的道听途说，所以在可信度上还是要打点折扣的。

　　不过这应该也不是有人在故意黑司马相如。因为在古代那个男权至上的时代，坑骗个把姑娘还真不算啥致命的污点。你看司马迁虽然如实记录了司马相如的骗婚过程，但也没见他有多少批判的意思。甚至还洋洋洒洒地写了万余字的《司马相如列传》，要知道司马迁写孔子他老人家的《孔子世家》也才九千多字。

当然，《司马相如列传》里大部分内容都是司马相如写过的绝妙文字，个人生平并没有多少。但这也体现了司马迁的态度，他未必欣赏司马相如的品行，但至少倾慕他的才华。

只是今天的时代变了，才会有越来越多的人对"凤求凰"的故事情节产生了疑问，觉得这把"狗粮"吃起来味儿不对。

我们无法百分百地确定司马相如在故事的结局有没有变心，但至少大多数人都会觉得他在故事最开始，就没有付出过真心。

曹操

『中二』的热血奸臣

人间惊鸿客

古代王朝的首都所在地，一般都是达官贵人、皇室子弟的主要集散地，走大街上随便丢块砖头，都能砸到个将相公侯。

这些人个个有权有势，就算是有点违法乱纪，首都的地方官也不敢管。毕竟随便拎出来一个都比他官大，哪个都惹不起。

但凡事总有例外。

汉灵帝熹平三年（174年），东汉首都洛阳[①]的社会治安状况突然有了很明显的改观，因为大家都听到了这样一个爆炸性新闻：

当今皇室最宠信的宦官蹇（jiǎn）硕的亲叔叔，因为违反了宵禁，被一个小小的洛阳北部尉拿什么五色大棒活活打死了。

东汉的宦官集团，其势力之豪横在整个中国历史上都是出了名的。从来只有他们欺负别人，哪有人敢在他们头上动土。但这位不

---

① 东汉时写作"雒阳"。

过二十岁出头的洛阳北部尉（相当于洛阳北部地区的一个副县级公安局局长），真就这么刚直不阿，不畏权贵地严格执法了。

一时间，豪门大族都收起了往日的嚣张，普通百姓也纷纷传颂起这位好官的名号。

这位洛阳北部尉的名字，叫曹操。

没错，他就是那个被后世骂了几千年的白脸奸臣。

不要担心你读了一个假的三国，因为曹操这个所谓的"奸臣"也不是天生"奸邪"，他有过初出茅庐的青葱岁月，也有过特别"中二"的表现。

曹操的出身很神奇，可以说既高贵又低贱。

曹操的老爹叫曹嵩，最高官职干到了"三公"之一的太尉，绝对的官场大佬。

可惜，这官是花了一亿万钱买的[①]，而且只干了五个月就被撤职了。

曹操的爷爷叫曹腾，在朝廷任职三十多年，不但是四朝元老，还因迎立汉桓帝有功被封"费亭侯"，一生清正廉洁，待人和善，提携后进。

可惜，他是个宦官，曹嵩是他抱养的儿子。

所以曹操的出身正如相声里常说的段子，是正经的"大户人家，

---

① 见《后汉书·宦者列传》。

宦官之后"。

在这样复杂的家庭环境里成长起来的曹操，真是想学好都很难。史书记载曹操"少机警，有权数，而任侠放荡，不治行业"。

只能说中国语言实在是博大精深，这评价说得那是相当婉约。

官方修订的史书中没太好意思记录曹操小时候干过的混账事，但各种文人笔记里倒是记了一大堆。比如为了不被打小报告，装中风骗自己的亲叔叔①；为了找刺激，和发小袁绍一起绑架刚结婚的新娘子②。

也不知道是不是"绑架新娘子"的经历打开了曹操内心的某个神秘开关，使得他在之后的人生里对别人家的媳妇特别"感兴趣"，当然这就是另一种画风的故事了。

但我们可以确定的是，小时候的曹操就是一个除了正事啥事都干，不爱学习只会捣蛋的熊孩子，一个把所有聪明才智都用在惹祸找事上的混账公子哥儿。

但随着曹操年纪渐长，他突然发现事情变得不好玩了，因为他被人欺负了。

出身如此豪横的曹操还会被欺负？

你别说，还真有。

当时东汉朝堂上的大佬主要有三类：宦官、外戚和士人。

---

① 见《曹瞒传》。
② 见《世说新语·假谲》。

宦官和外戚名声不好，但一个是皇帝的亲信，一个是皇帝的亲戚，朝廷大权往往掌握在这两拨人手里。

士人指的是读书人。

当然也不是说是个认识字的就能被当作士人，这个圈子的门槛可是很高的，那得是品行和才华各方面都能拿得出手的人才行。当时，士人最大的特点就是人数多，声势大，代表着"正道的光"。他们打心眼儿里瞧不起宦官和外戚这种皇权身上的寄生虫。

而曹操"宦官之后"的身份就为士人所鄙视，那些士人都唯恐和他沾上一点关系，躲他就跟躲什么脏东西一样。

比如当时有一位名士叫许劭，是士人界的"顶流大V"，属于随便说点啥都有十万转发的业界领袖。许劭特别喜欢点评当时的人物，后来成了固定节目，每个月初点评，这在当时被称为"月旦评"。

谁要是能在月旦评里被许劭说上两句好话，不说飞黄腾达吧，至少也是名声大噪。年轻的曹操自然希望许老师能在月旦评上给自己来两句好评，于是他就给许劭刷了好多礼物，想凭自己"榜一大哥"的身份买许老师一篇通稿。

但许老师可不是"恰烂饭"的人，哪能和曹操这种被人口诛笔伐的"低端人士"搭上关系，所以他想都没想就拒绝了。

这要换一般人，估计也就自认倒霉、知难而退了。

但曹操能是一般人吗？他拿出自己当年绑人家新媳妇的劲头，二话不说就把许老师给绑了，逼着他给自己评两句，不说就不让走。

许老师是正经的斯文人，也是没见过这么不走寻常路的主，只能无奈地说了一句："君清平之奸贼，乱世之英雄①。"后来这句评语几经改版，最终变成了大家最熟悉的那句"治世之能臣，乱世之奸雄②"。

只能说许老师真是高级知识分子，骂人都拐着弯骂。但曹操却很满意，乐呵呵地走了，留下许老师一个人在风中凌乱。

许劭这样一个站在鄙视链顶端的男人，自然无法体会曹操这样的"赘阉遗丑"是什么心情。

其实如果从今天教育心理学的角度来看，此时的曹操符合青年躁动期特征。这一时期的年轻人刚刚进入成年人的世界，还没经历过社会的毒打，他们往往自我感觉良好，恨不得整个世界都以他为中心，梦想着干出点什么惊天动地的伟业，获得他人的认同和崇拜。

这种自我认知和他人认可之间的巨大落差达到一定程度，就是我们俗称的"中二病"。

当时的曹操就有这个"病"，而且病症还挺严重。因为没有对比就没有伤害，这份附加伤害是发小袁绍带给他的。

曹操和袁绍可是从小一起疯、一起闹、一起翻墙去绑票的交情。但随着两人年纪渐长，差别就显现出来了。

袁绍虽说是个庶出的儿子，但好歹也是出身"四世三公"的汝

① 见《后汉书·许劭传》。
② 《三国志》注引孙盛《异同杂语》。

南袁氏家族，一出场就自带高贵气质。而曹操他们家，老爹是个贪官，爷爷是个宦官，往上捯三辈儿就捯不下去了。可以说袁绍一出生就自带的标配，在曹操这里却是可望而不可即的顶配。

所以这时的曹操迫切地想要证明自己，想要获得士人群体的认同，更想要撕掉自己身上"宦官之后"的标签。这就是为什么他会表现得比普通士人更热血，更激进，甚至能干出绑架许老师来刷好评这样的事。

当然，想要成为士人阶层一分子，光有好评没用，你还得当官。

东汉官员的主要选拔制度叫"察举制"，说白了就是一种自下而上的推荐制度，主要包括孝廉、茂才、贤良方正、贤良文学、直言极谏等科目。被推荐人除了德行、能力突出之外还有一些别的标准，比如年龄要超过四十岁或者在基层干过十年之类的[①]。

不过这个制度只是看上去很美，因为缺乏统一的客观标准，很快就沦为世家大族的权力游戏。你推荐我亲戚，我推荐你朋友，你好我也好，一起挖大汉的墙脚。

而曹操被"举孝廉"的时候还不到二十岁，既不符合年满四十的年龄限制，也不满足基层工作十年的工龄要求，更别提他之前还干了一堆破事。

但人家就是被举为孝廉了，这都不叫暗箱操作了，完全就是公

---

① 见《后汉书·左雄传》。

开违规。

顺便多说一句，推荐曹操的那个人叫司马防，是当时的清流名士。如果你对这个名字不熟悉也没关系，你只要知道他有个儿子叫司马懿就行了。

曹操就这样踏入了官场，他获得的第一份工作就是前面提到的洛阳北部尉。按理说，这个工作对于初入职场的曹操来说再适合不过了，完全符合"事少，钱多，离家近"的理想职场生活。

但问题是，此时的曹操正是"中二病"严重的时候，他一上任就搞出了个大新闻——打死了宦官蹇硕的亲叔叔。

对于不明真相的"吃瓜群众"来说，这可能只是一次普通的执法行动。但对于宦官集团的上层大佬来说，这就是严重打脸的行为了。

你曹操怎么说也是我们前老大的孙子，咱是一伙的啊！哪有上来就拿自家人开刀的啊！

曹操这种自家人专打自家人，我反我自己的精神，令人感动。于是他"升官"了，从洛阳北部尉升任为顿丘①令，相当于从副县级的公安局局长跳到了正县级的县长。当然这只是表象，实际上是被一脚踢到地方去吃灰了。

这次"明升暗降"并没有缓解曹操的"中二"症状。几年后曹

---

① 今河南濮阳市清丰县。

操调回都城担任议郎，就是皇帝的参谋，他还是逮着宦官集团骂个不停。

而且他还不只是嘴上说说而已。

当时汉灵帝极为宠信两个宦官，一个叫张让，一个叫赵忠。史料记载，曹操曾经偷偷潜入张让的卧室，具体想干啥不知道，反正没好事就是了。不过这次潜入行动并没有成功。被发现后，曹操一边挥舞武器，一边撤退，最后安全地翻墙逃掉了[①]。后来，这段子传着传着走了样，变成了《三国演义》里的"刺董献刀"。

以张让为首的宦官集团可能全程都有点摸不着头脑："咱到底什么仇什么怨啊？为什么总跟我们过不去呢？"

其实这还真不是个人恩怨的问题。一心想要融入士人群体的曹操，必须用这种方式来交"投名状"，不然怎么获得其他小伙伴的认同呢？

这之后相当长一段时间内，曹操拿的都是忠臣剧本。

黄巾起义爆发，他从文职转为武将，带着队伍和起义军对砍；后来，他调到济南国当国相，又拿出了当年干洛阳北部尉的劲头，一口气查办了好多贪官污吏；汉灵帝筹建新军，他是"西园八校尉"中的四把手，给仇人蹇硕和发小袁绍打下手。

就像后来曹操在《述志令》里说得那样：那时的我，最大的愿

---

① 《三国志》裴松之注引《曹瞒传》。

望也就是当个征西将军，能内平叛贼，外御敌寇，为大汉立下点功劳，保一方平安而已啊。

这话并不是功成名就之后的自我吹捧，很可能就是曹操最真实的心路历程，人家最开始可没打算当奸臣的。

那问题来了，曹操是啥时候换的剧本呢？

答：董卓之乱。

熟悉三国的小伙伴对这个故事都不陌生。概括起来说，就是外戚集团的扛把子大将军何进想干掉宦官集团，参谋长袁绍就出了一个非常奇葩的主意——调西凉军阀董卓来洛阳，借董卓之手把宦官都杀了，一个不留。

结果董卓还没到，何进就被宦官先下手干掉了，然后袁绍带人冲进皇宫，把宦官杀了一波，再然后董卓来了，一个截和把东汉政权攥在手里，甚至还立了个新皇帝，就是后来的汉献帝。

其实袁绍出的这个馊主意，曹操打一开始就不同意。他说："杀宦官不是不可以，把领头的杀了就完事了，至于搞成这样吗？要么就走正规的法律程序，要么就采取非常规的刺杀手段，哪条道也不至于绕这么大圈子，杀这么多人，费这么大劲啊！"

曹操的意见很中肯，但作为一个前宦官老大的孙子，如此"政治不正确"的发言自然不会被采纳。

于是大伙儿就悲剧了。皇帝被董卓废了又立，朝廷大权也丢了，袁绍和曹操等人也成了自身难保的少数派。他们只能紧急逃离洛阳，去东边"摇人"来对抗董卓。

在这一刻，曹操内心的"中二之火"燃烧到了顶点。他可算是逮着机会了，只要能打倒董卓，再建秩序，一定能还大汉一个朗朗乾坤！

曹操回到老家，散尽家财，自费拉起了一支几千人的队伍，加入了关东诸侯讨伐董卓的联军，满怀希望地准备大干一场！

然后，就没有然后了。

曹操希望尽快西进和董卓决战，但各路诸侯却心怀鬼胎，聚在一起每天吃吃喝喝，喊喊口号，心里盘算着怎么扩大自己的地盘，怎么"背刺"隔壁的盟友，也没几个人真心想去和董卓硬碰硬的。

倒是董卓先虚了，一把火把洛阳给烧了，然后带着汉献帝和抢来的金银财宝回到了关西老家。这一波操作可把洛阳城给祸害得够呛，方圆二百里连个活人都没留下，就连皇家的陵墓都让董卓给刨了。

曹操在《薤（xiè）露行》中痛苦地写道：

　　…………

　　　　贼臣持国柄，杀主灭宇京。

　　　　荡覆帝基业，宗庙以燔丧。

　　　　播越西迁移，号泣而且行。

　　　　瞻彼洛城郭，微子为哀伤。

董卓恶贼！你给我等着！

曹操主张立即全军出击，但其他人却不是很有兴趣的样子。曹操费尽了口舌也没用，最后他一气之下就一个人带着队伍去追董卓了。

不知道此刻的曹操有没有想起许劭那句"君清平之奸贼，乱世之英雄"的评语，但此刻他的言行，的确比那些道貌岸然的所谓名士更像一个英雄。

不过英雄未必都是成功的。曹操在那儿自我感动得不行，其他人却用不屑与同情的眼神看着他的背影，好像在看一个死人。

实际上，曹操也真的差点变成一个死人。他在追击的路上被董卓的后卫部队打得全军覆没，要不是堂弟曹洪把马让给他，这场仗可能就成为曹操的谢幕演出了。

当狼狈不堪的曹操回到联军的营地时，看到的还是觥筹交错、钩心斗角的一群人，他们流露出对他的嘲讽：

现在的年轻人啊，真是不懂事啊！

来来，咱们别管他，接着奏乐，接着舞！

那一刻，曹操的心里有块地方崩塌了。

他在另一首五言诗《蒿里行》里写下了自己当时的心情：

关东有义士，兴兵讨群凶。

初期会盟津，乃心在咸阳。

军合力不齐，踌躇而雁行。

势利使人争，嗣还自相戕。

淮南弟称号，刻玺于北方。

铠甲生虮虱，万姓以死亡。

白骨露于野，千里无鸡鸣。

生民百遗一，念之断人肠。

说好的正义之师，聚在一起却只会耍心眼儿、窝里斗。

说好的兴复汉室，可领头的袁氏家族，弟弟袁术在淮南琢磨着自立为帝，哥哥袁绍在河北偷刻了玉玺想另立中央。有谁在乎朝廷沦丧，百姓死亡？

这就是名满天下的清流？

这就是万人景仰的名士？

一个字，呸！

什么仁义道德，什么忠君爱国，嘴里说的全是道义，心里想的全都是算计。这时候曹操才明白了这个世界的游戏规则：想要在乱世发光发热，当军阀才是唯一的出路！

打光家底的曹操立刻带着亲信到扬州募兵，又拉起了一支几千人的队伍。谁想到部队北上的时候发生了哗变，叛军把曹操的帐篷都给烧了。危机之中，曹操拎着宝剑就放了个大招，亲手砍倒了几十人[1]，这才平息了这场叛乱。

　　曹操之前杀过很多人，之后还会杀更多的人。但这一次可能是他一生中亲手杀人最多的一次。

　　他性格中狠绝、残暴、奸诈的一面被彻底释放，这之后他不管是屠城还是杀名士，不管是过河拆桥还是卸磨杀驴，做起来都是得心应手、毫无负担。那个多疑、好猜忌、奸诈、残忍的曹操，那个大家熟悉的"奸雄"曹操终于回来了。

　　但没有人是本就如此。

　　这位被永远钉在"白脸奸臣"面具后面的乱世奸雄，曾经也有过热血的一面。

　　只是那个时代并没有给他一个挥洒热血的机会。

---

① 见《三国志·武帝纪》。

潘安

颜值非正义

曹魏末年的某一天，都城洛阳的大姑娘、小媳妇、老太太、小丫头都陷入了一种无法自控的癫狂之中。

因为一个帅哥出门了，他的名字叫潘安。

潘安其实本名叫潘岳，字安仁。古人习惯称字不称名，后人念着念着就叫成潘安，出于习惯我们也就这么称呼他了。

此时的潘安还不到二十岁，正在洛阳太学读书，相当于是首都的中央大学的大学生。这一天他开着敞篷车出来遛弯散心，没想到一出门就引发了交通拥堵。

街上的女孩看到他都爱得不行，手拉着手把他围在中间，三百六十度无死角地"强势围观"，咋看也看不够，说啥也不让走①。还有那会疼人的老阿姨，觉得这小伙儿实在太好看，长得太

① 见《世说新语·容止》。

水灵啦，就把手里的水果往潘安车上丢，硬生生把潘安的敞篷跑车变成了拉水果的大货车，因此还产生了一个成语——掷果盈车[1]。

现代科学研究证明，女性每天凝视帅哥十分钟，相当于进行三十分钟的有氧运动，平均寿命可以延长四到五年。这么说来："外貌协会"的确有它存在的合理性，毕竟看帅哥不但赏心悦目，还能延年益寿，这样的好事谁会不喜欢呢。

潘安到底有多帅，我们是没法亲眼得见。但各种史料中对他的描述基本上都是"妙有姿容，好神情""至美""美姿容"等等。

翻译过来就是颜值高、身材好、有气质、有风度，反正挑不出一丁点毛病就是了。很多人都觉得，拥有这样盛世美颜的男生肯定都是"海王"。但神奇的是，潘安却是个痴情种子，他和妻子杨氏青梅竹马，早恋晚婚还恩爱一生[2]。

杨氏是潘安父亲的朋友杨肇的女儿，当时潘安才十二岁，就被杨肇相中了，于是就把这门亲事给定下来了。潘安对岳父很感激，和妻子的感情也很好。曾经因为到外地当官，不能带妻子一起上任，他还写情诗给媳妇儿表达思念。

但天有不测风云，元康八年（298年）杨氏因病去世，只留下年近半百的潘安一个人孤零零地在这世界上。伤心欲绝的潘安茶饭

---

① 见《世说新语》刘孝标注。
② 据潘安《悼亡赋》："伊良嫔之初降，几二纪以迄兹"一句反推得出，有争议。

不思，只能用文字来宣泄自己的伤心，写下了著名的《悼亡赋》来悼念妻子。

在杨氏去世一年后[①]，依然没从悲痛中走出来的潘安又写下了著名的《悼亡诗三首》，其中有两句，哪怕今日读来依然让人动容：

> 如彼翰林鸟，双栖一朝只。
>
> 如彼游川鱼，比目中路析。

空中伴飞的同林鸟和水中并游的比目鱼，都是古人用来形容坚贞爱情的，在潘安笔下却变成了形单影只的可怜虫，可见他写这诗的时候是怎样的心情。

无论是作为文人还是爱人，潘安都没得说。但可惜没人是完美无缺的。有才又深情的潘安在政治上却是一个十足的小人。

潘安出生在一个书香门第的官宦世家，爷爷和父亲都做过省部级的地方行政长官。不过老潘家在当时顶多算个中产，离名门望族还有点距离，于是振兴家族的重任自然就落在了潘安身上。

而潘安看上去的确很有希望实现这个"小目标"。他从小接受系统的儒家教育，脑子好，学得快，长得还招人喜欢，谁见了都会夸一句："这孩子将来肯定有出息。"要不然杨肇咋能一眼就相中

---

① 见《义门读书记》。

了潘安，早早就预定了这个女婿呢，这明显就是相中了潘安这支潜力股啊。

潘安成长和求学的时代，正是"合久必分"的三国乱世发展到"分久必合"的西晋大一统的时代。

今天的我们都知道西晋的统一很短暂，司马家没几年就又把天下玩崩了。但当时的潘安并不知道，他和无数儒生一样，都觉得天下太平了，正是读书人发光发热的好机会。

泰始四年（268 年），晋武帝司马炎要参加"藉田"，就是去田里装模作样地耕两下。毕竟古代中国是个农业大国，身为皇帝的司马炎也要搞点形象工程，起点模范带头作用，希望老百姓能好好种地，多打粮食。

这下子潘安可找到发挥空间了，他提笔写下了一篇《藉田赋》，各种华丽的辞藻排比堆起来，把晋武帝一顿猛夸。

客观地说，潘安这篇赋写的是真好，可惜唯一的缺点就是有点好过头了。

其他人一看崩不住了，说同样都是拍马屁，凭啥我在第一层，你在平流层啊。

于是这帮人一使坏，直接把潘安踢到了洛阳边上的河阳^①去当县令了。对于这样的结果，潘安虽然觉得有点憋气，但也没办法。

_____

① 今河南省孟州西。

他也想在河阳干出点成绩来，这样才有机会接着往上爬。

潘安到任后，勤于政务，鼓励农耕，还因地制宜搞起了花果种植产业，在全县种满桃李等果树，不仅发展了经济，还成了当地的一道靓丽风景线。只能说不愧是花样美男，连扶贫工作都能搞得如此花团锦簇。

潘安种花不只是为了挣钱和图好看，他竟然还能拿花来判案。当地传说，有闹别扭的邻居来打官司，潘安也不打也不骂，直接让这两人抬着水桶去后院浇花，不干完活不许回家。

结果原本打得跟乌眼鸡一样的两人，被迫在共同劳动中相互配合，互相帮助，干到最后火也没了，气也消了，重新握手言和重归于好了。这种新颖的案件调解方式被称为"浇花息讼"。

可惜潘安做了这么多，他的事业还是没有迎来腾飞。百般郁闷的潘安就编了个顺口溜骂那些挡他道的同事，于是他又被踢到更远的地方去当县令了，此后十年都没得到升迁。

西晋咸宁四年（278年），已经三十二岁的潘安成了太尉府的工作人员，主要任务就是当保安值夜班。常年郁郁不得志，让这位颜值爆表的帅哥，刚过而立之年就长出了白头发[1]。

潘安更迫切地想要抓住一切机会，把自己耽误的时间都补回来。而在政坛上想实现弯道超车，最简单有效的方式就是"抱大腿"。

---

[1] 见《秋兴赋》。

潘安抱上的第一条"大腿"就是当朝太傅杨骏。这位杨大爷是晋惠帝的外公，也就是手握实权的外戚。按理说，潘安这把应该是稳了。

但理想很丰满，现实很骨感。

晋惠帝是历史上出了名的傻皇帝，还拥有了一个在历史上同样出名的丑皇后贾南风。贾皇后不但形象不行，人品也不行，她有着极强的控制欲。太傅杨骏想控制外孙，皇后贾南风也想拿捏老公，于是这两伙人就干起来了。最终的结果就是杨骏被灭了三族。

此时距离潘安抱上杨骏的"大腿"才不过一年的时间，这根看着结实的"大腿"就被人剁了。潘安作为众多"腿毛"之一，本应该跟着倒霉的，幸运的是有人给他说情，他才侥幸逃过一劫，还被任命为长安令，属于大难不死还有点后福的那种"小确幸"。惊魂未定、满心后怕的潘安，觉得还是保命要紧。

元康六年（296 年），潘安被调回洛阳，不巧这时候潘安的母亲病了，所以潘安也没去单位报到，直接在家一待，陪着生病的老娘。

这一年，潘安五十岁，已经从一个大帅哥变成了一个帅大叔。

半退休状态的潘安提笔写下了一篇《闲居赋》，这篇赋的大意就是今后我就这么安心享受退休生活也挺好。后来明代的著名园林苏州拙政园的名字，就取自这篇《闲居赋》里的一句："此亦拙者之为政也。"

可惜潘安心里想的和他嘴上说的并不是一回事。他已经用了三十年的时间证明自己不是当官的那块料，但他还是不死心。

所以，当一条全新的"大粗腿"再次出现在潘安面前时，他还是毫不犹豫地抱了上去，什么闲居啊，什么拙政啊，通通都抛在了脑后。

这条"大腿"就是皇后贾南风的侄子贾谧。

贾谧爱好文学，手底下养了包括潘安在内的许多文人。这帮人经常在贾谧的超级豪宅"金谷园"里组织文艺沙龙或文学派对，所以被当时的人们称为"金谷二十四友"，算是那个时代的顶级文学男子天团，潘安在里面是妥妥的中心。

但他还是不满足。

有一个成语叫"望尘而拜"，说的是潘安为了讨贾谧的欢心，每次贾谧坐着车出门，他都等在路边，对着贾谧车轮卷起的尘土叩拜行礼，这卑躬屈膝的劲头连潘安的亲妈都看不下去了。潘安母亲对儿子说："你都已经做到黄门侍郎了，挣的钱也够花，咋还不知足啊？万一哪天老贾家出事了，你后悔都来不及啊！"

潘安虽然是个孝子，但此时一心想往上爬的他完全没把母亲的话放在心上。

不得不说，潘安这么卖力地讨好还是有收获的，他很快就成了贾皇后阴谋小集团的一分子。

当时的太子司马遹不是皇后贾南风亲生的，贾南风就一直想要废了这个太子。于是她设计灌醉了太子，然后让人写了一份所谓"造反信"给太子抄。太子喝多了抄得七扭八歪，贾后又让人把这封信上的字补齐，然后以此为借口，废了司马遹的太子之位，并最终残忍地杀害了他。

太子含冤而死，贾后专擅朝政，这直接引发了整个西晋政坛的大地震。一场司马家宗室内部的内乱，很快就演变为一场全国规模的内战，史称"八王之乱"。最终北方少数民族趁着中原大乱南下，灭了西晋，也开启了东晋十六国的又一段乱世。

可以说，正是以太子司马遹被陷害为起点，西晋政权才正式走上了分崩离析的不归路。

而陷害太子那封信的起草者，事后的补刀人，就是潘安[①]。他不是所有悲剧的主谋，但至少是引发灾难的帮凶。

最后在"八王之乱"中，潘安也被以前的仇人随便安了个罪名，不但自己丢了性命，还被诛灭三族。老潘家没有在他的带领下变成名门望族，反而死了一整个户口本的人。潘安的母亲、兄弟、侄子，甚至已经出嫁的闺女，无论男女老幼全部被杀，只有几个人侥幸逃脱。

临死前，潘安才想起母亲当年的告诫，追悔莫及的他只能说一句："有负阿母啊！"

---

① 见《晋书·愍怀太子传》。

其实他对不起的又何止是他母亲一人呢？

史书中用"性轻躁，趋世利"这六个字来形容潘安。用我们今天的话来说，他本该是一个始于颜值、陷于才华、忠于人品的完美偶像，但潘安同学却注定是偏科了。

王勃

高开的才华，低走的人生

人间惊鸿客

杀人啦!

大唐咸亨三年（672年），一桩杀人案引爆了整个大唐的诗人朋友圈。

不为别的，只因为这起刑事案件的犯罪嫌疑人叫王勃。

"初唐四杰"中排名第一的大才子堕落成杀人犯，这已经够让人惊掉下巴了，而更让人难以理解的是王勃杀人的理由。

当时王勃的官职是虢（guó）州①参军，相当于地方武装部的文职干事。而被害人曹达是当地的一名官奴，相当于是给政府机构提供派遣服务的勤杂工。

这俩人本来是八竿子打不着的，但曹达因为犯了法躲进了王勃家，王勃窝藏了逃犯，又害怕被别人知道，于是就杀了曹达，让自

---

① 辖境相当于河南省西部灵宝、栾州以西，伏牛山以北地。

己从一个窝藏从犯升级为杀人主犯。

这波操作实在太过迷幻，所以才震动了整个文坛。没人知道王勃到底是怎么想的，反正他杀人的罪名是坐实了。按照唐代的司法程序，地方官府把相应的死刑核准上报中央，只等正式的批复下来，王勃就得脑袋搬家。

这一年，王勃二十二岁。

如果他的生命真的停留在这一年，那课本里可能就要少一篇需要大家"阅读并背诵全文"的《滕王阁序》了。

好在王勃命不该绝，因为他生在唐高宗李治在位的时代。

倒不是说唐高宗对王勃有多么优待，而是这位皇帝非常喜欢换年号，在位三十四年换了十四个年号。

在古人看来，换年号是个隆重又喜庆的事，要普天同庆，所以一般换年号这一年都会搞点大赦天下之类的福利活动。

公元 674 年，唐高宗把年号改成了上元，王勃才因此捞到了一波特赦，总算保住了自己的小命。这要是放在明清两朝，一个皇帝一生只用一个年号①，估计就是有十个王勃都不够砍的。

但死罪可免，活罪难逃。

刑满释放的王勃不但被开除了公职，就连他的父亲也受到了牵

---

① 明英宗因"夺门之变"复辟有过两个年号"正统""天顺"；清太祖努尔哈赤和清太宗皇太极也有多个年号，但彼时清朝尚未入主中原；清穆宗载淳有"祺祥""同治"两个年号，但实际上前者从未真正使用过。

连，被踢到交趾去当县令了。唐代的交趾就是今天的越南一带，是当时大唐版图里能找到的最穷山恶水的不毛之地。这意味着王爸爸这辈子不但仕途走到头了，就连能不能活着退休都不好说。

对于从小学习儒家经典，以孝为本的王勃来说，这简直比杀了他还难受。他觉得自己真是"坑爹"坑到家了，害老爸这么大岁数还跟着吃瓜落儿，简直不配活在这个世上啊[①]！

王勃的人生，按理说，不应该是这个样子的。

他们老王家往上捯八辈儿都是知识分子，尤其是王勃爷爷那一辈儿，出了一个大教育家，一个史学家，一个唐代传奇小说作家，一个五言律诗奠基人。

有这么强的基因，按理说，王勃同学应该从小就是大家口中"别人家的孩子"啊。

如果你见过小时候的王勃，就会发现这话还真没错。

他六岁就能作诗，九岁时就读完了著名学者颜师古的《汉书注》，还顺手挑出了许多专业错误。

十岁时，王勃便学完了"六经"，相当于自学完成了全部的大学课程。

十二岁到十四岁，他又选修了中医，差点成为一名悬壶济世的大夫。

[①] 见《上百里昌言疏》。

十五岁，王勃给宰相写了封公开信，对朝廷的决策失误一顿喷，收获"神童"评语。

十六岁，他又轻松通过了朝廷的特殊人才招生考试，授职朝散郎，光荣地成了大唐公务员队伍中的一分子。

按照古人"二十而冠"的习惯，此时的王勃还是个未成年人，却已经达到了无数成年人一生都没达到的高度。

于是，如此才华横溢的王勃，一上班就被分配到沛王李贤的府上当修撰，相当于是王爷的陪读兼文字秘书。

李贤是唐高宗李治和武则天的第二个儿子，在当时是出了名的长得帅，懂礼貌，还有文采①。王勃一进沛王府就被李贤安排了一个大活儿，带着大家一起编了一本叫《平台钞略》的书。

这是一本讲忠孝仁义、兄友弟恭的书。作为皇子，李贤编这本书很明显是为了讨好皇帝老爹和皇后老娘，显示自己的品德高尚和文采飞扬。

这么重要的活儿能交给王勃这个初来乍到的新人，足见李贤对王勃才华的肯定。而王勃也的确把事情办得很漂亮，书编得非常出彩，李贤一高兴就赏了他五十匹帛②。帛在唐代是能当钱花的硬通货，这可是一笔不小的奖金。

不过对于王勃来说，李贤这个皇子还不够"高大上"，他更希

---

① 见《旧唐书·章怀太子传》。
② 见《王勃集序》。

望获得唐高宗的赏识。所以，他在之后的几年里逮着机会就给皇帝投稿，写各种歌功颂德的文章。虽然没有获得回应，但王勃相信，自己正走在正确的道路上，早晚有一天能引起皇帝的注意，获得一飞冲天的机会。

这一年，王勃十八岁。

此时的他对自己的未来充满了信心，相信自己终有封侯拜相，光大家族的那一天。他的乐观昂扬无处不在，哪怕是离别愁绪，在他的笔下都显得那么充满希望。

这一年，王勃有一位姓杜的朋友要去四川当官。王勃去送别朋友，顺手给老杜写了一首流传千古的送别诗，《送杜少府之任蜀州》：

> 城阙辅三秦，风烟望五津。
> 与君离别意，同是宦游人。
> 海内存知己，天涯若比邻。
> 无为在歧路，儿女共沾巾。

在长安送别你，也能体会你的心意。只要有你我这样的知己，就不怕分隔两地。可千万别在分别的路口，拿着手绢流泪哭泣。

一言以蔽之，哭什么哭，嗨起来！

可惜写下这首诗的王勃不会想到，他之后的人生竟然充满了一个又一个的"在歧路"，也不得不一次又一次地"共沾巾"。

王勃人生遇到的第一个坎和一个游戏有关，那就是斗鸡。

斗鸡这个游戏从先秦时代就有，唐代时更是成了上至王公贵族，下至贩夫走卒都喜爱的国民运动①。

当时也没有什么游戏防沉迷系统，王勃的老板沛王李贤和弟弟英王②李显也是狂热的斗鸡爱好者，哥俩聚在一起玩得是不亦乐乎。而王勃作为沛王府的一分子，自然得在老板玩耍的时候大喊"加油"，所以，他提笔写下了一篇《檄英王鸡》，给李贤那只斗鸡加油打气。

檄是一种政府公告，通常用来宣布重大事件，简单来说就是古代版的官宣，是很严肃的东西。而王勃却拿檄文来给斗鸡盛会找乐子，于是他也就被人抓住了这个小辫子，这个人就是唐高宗。皇帝宣布王勃涉嫌"挑拨皇室兄弟感情"，当场就让他滚蛋，哪儿凉快哪儿待着去了。

一脸蒙的王勃就这样被踢出了长安城，大好的前程说没就没了。也正是因为这样，王勃后来才去虢州当了参军，并卷入了那场差点掉脑袋的杀人案。

可以说王勃后来的所有悲催，都是源于这篇开玩笑的小作文。

但是一个玩笑而已，至于这么严重吗？

如果你对初唐的历史稍有了解就会明白，这可太至于了！

---

① 见《东城老父传》。

② 李显，显庆二年（666年）封周王，仪凤二年（677年）改封英王。王勃在总章元年（668年）所作《檄英王鸡》中的"英王"其实应写作"周王"。

我们在电视剧里看到的宫斗，不过就是一帮女人为了争宠搞点阴谋，堕个胎，下个药之类的。而真实的宫斗可比电视剧里演得刺激多了，尤其是唐代。

前有唐太宗玄武门杀兄灭弟逼老爸，后有太宗的几个儿子各种兄弟相残，逼得唐太宗心灰意冷差点抹了脖子。而唐高宗登基后，这样的剧情也依然在上演。唐高宗废过皇后，弄死过亲儿子，逼死了亲舅舅，手上的血本来就不少，再加上他媳妇又是后世大名鼎鼎的武则天，那是杀自己亲生儿女都不带眨眼的主，这家庭关系不复杂才怪。

俗话说，越是做得多，越怕别人说。

大唐皇室的确干过太多不露脸的糟心事，但我可以干不代表你可以说。王勃竟然敢用檄文这种宣战文书来开玩笑，无疑触动了皇帝内心深处最敏感的神经。所以王勃才成了唐高宗"杀鸡儆猴"行动中的那只"鸡"。

你可能会说，王勃也太冤了，点也太背了。

这话也对也不对。细节决定成败，性格决定命运，这句话可不是白说的。

唐代名臣裴行俭曾评价过王杨卢骆这"初唐四杰"，他说，士人要想有成就，先看气度见识，再看文采知识；这四位虽然有才，但太浮躁，太浅薄，当不了什么大官[1]。

---

[1] 见《大唐新语》。

裴行俭常年担任吏部侍郎，是老 HR 了，看人的眼光可谓老到。他的这番带预言家属性的发言果然一语成谶。事实上，"初唐四杰"后来全都文坛得意，政坛失意，没一个混成官场"顶流"的。

所谓浮躁浅薄，说白了就是过度的自信心和爆棚的表现欲。

王勃自己曾说过，要论起写文章，就算是陆机、曹植、谢灵运、潘安也就那么回事 ①。被他实名批评的这四位都是魏晋时代的文坛大佬，可见这位老兄都狂成什么样了。

所以，他也习惯了尽情表现自己的才华，把周围人都比下去，一直以来不知道抢了多少人的风头，挡了多少人的道。

新旧唐书中都记载了王勃"恃才傲物，为同僚所嫉"。同事关系处成这个样子，人家不给你挖坑才怪啊。

就比如《檄英王鸡》这件事。

史书记载，唐高宗当时身体不好，连正常的工作文件都看不了，所以，之前王勃给唐高宗写了一大堆的马屁文章都石沉大海，怎么就偏偏看到这篇斗鸡文了呢？更何况王勃也不是第一个写这种"斗鸡文"的人，怎么别人写都没事，他写就有事呢？

到底是谁把这事说给唐高宗听的，又是怎么说给高宗听的，这就是个很有趣的问题了。

具体细节史书里并没有记载，但后来无论是王勃自己 ②，还是

---

① 见《山亭思友人序》。
② 见《夏日诸公见寻访诗序》。

朋友杨炯，都委婉地暗示过王勃是被人坑了。甚至咱们开头说的"杀官奴"这事，也不排除是有人故意给王勃下套。

总之，经历了这两次打击之后，王勃对当官这事基本已经绝望了。

上元二年（675年），王勃南下交趾探望父亲，经过南昌时正好赶上重阳节，当地的一位阎都督搞了一场联欢会，王勃也就顺便去凑了下热闹。

而举办联欢会的地方就是滕王阁，它将见证王勃一生中最高光的时刻。

有趣的是，这个高光时刻原本并不是为王勃准备的。

原来，此次联欢会的主办方阎都督想夹带私货，借机捧一捧自己的女婿孟学士①。他已经提前一天让女婿写好了一篇《滕王阁序》，就等着现场展示一番，然后收获各位来宾的掌声了。

但是阎都督也不想搞得太刻意，所以，他就对现场的来宾客气了一下说："咱们这儿准备了纸笔哈，哪位大才子给咱们此次盛会写篇《滕王阁序》啊？"

在场的宾客都知道阎都督打的小算盘，自然没打算当出头鸟，更何况现场即兴整一篇小作文难度也太高了，万一写砸了那不就又丢脸又得罪人吗，所以大家都尴尬而不失礼貌地表示了拒绝。

---

① 《唐摭言》中记载阎都督女婿为孟学士，《岁时杂咏》等中则称阎都督女婿为吴士章。

当然，这里所说的"大家"很明显是不包括王勃的。当纸笔递到他面前时，他当场表示来就来呗，然后拿起笔就写上了。

这下子轮到阎都督尴尬了，他也是没想到还有这么不识趣的人。阎都督越看王勃越来气，气哄哄地离开了座位，转身冲进厕所去冷静冷静。

这个时候阎都督可能还抱有一丝侥幸，毕竟自己女婿是提前一天写好的命题作文，至于那个什么王勃完全是即兴发挥，只要他写得有一丁点儿不好，就可以各种挑刺，到时候还是可以把女婿的文章推出来，说不定这么一对比，反而更有效果。

于是阎都督就蹲在厕所里，吩咐底下人给自己实时转播，看看王勃到底写了啥。

很快王勃写的文章就一句句传了过来。

第一句是"南昌（一作"豫章"）故郡，洪都新府"，阎都督听完后哼了一声说："我当多牛的，不过是老生常谈啊！"

再一句："星分翼轸，地接衡庐"，阎都督沉默了。

直到"落霞与孤鹜齐飞，秋水共长天一色"这句传过来，阎都督知道自己的小算盘落空了，只能感叹道："此真天才，当永垂不朽矣！"

阎都督服了，但他女婿还没服。这位哥也是个厉害角色，他记忆力超群，直接把王勃刚写完的《滕王阁序》一字不差地背了一遍，说："这不过就是一篇前人发过的帖子，小王，你抄袭可不行啊！"

王勃听完也不着急，直接又补上了一首《滕王阁诗》：

> 滕王高阁临江渚，佩玉鸣鸾罢歌舞。
>
> 画栋朝飞南浦云，珠帘暮卷西山雨。
>
> 闲云潭影日悠悠，物换星移几度秋。
>
> 阁中帝子今何在？槛外长江空自流。

这一诗一序相互呼应，很明显都是现场创作出来的，自然不存在什么抄袭前人文章的事情。自此滕王阁因为王勃这一诗一序留名青史，成为中国四大名楼之一。而王勃也凭借这两篇千古奇文一战封神，在中国古代文学史上留下了一段佳话，更直接催生了"物换星移""水天一色""人杰地灵""物华天宝"等几十个成语。

只能说王勃还是原来的王勃。哪怕已经栽过两个大跟头了，他还是当初那个少年，没有一丝丝改变。

这次惊艳表现后，王勃继续踏上了南下寻父之旅。大约在上元三年（676年），王勃抵达交趾，见到了生活困顿的父亲。父子俩说了什么没人知道，也许是在怀念曾经的时光，也许是在庆幸当下的苟且，也许是在忧虑未来的生活。

不久后，王勃启程返回，可惜他再也没能回到长安。

王勃死了，死在了海上的风暴中。有说他是落水后受了惊吓而死，也有人说他是自己跳海自尽的，总之，他死了。

这一年，王勃才二十七岁[1]。

如果你只看王勃的前半生，就知道什么是天纵英才；如果你只看王勃的后半生，就知道什么是天妒英才。

但如果你细细体会王勃这一生中的每一个小细节，就知道所谓的命运不过就是一个个选择积累起来的结果。

很遗憾，王勃的才华并没能让他过好自己的人生。

---

[1] 据杨炯《王勃集序》记载：王勃卒年为二十六岁；另据王勃《春思赋》推断，其卒年应为二十七岁。

卢照邻

讲真，谁能比我惨啊

人间惊鸿客

古代文人之间经常写诗唱和，类似今天人们在社交软件上彼此@和回踩的互动。不过并不是每一次指名道姓的@都能获得回应。

比如，同为"初唐四杰"的骆宾王和卢照邻之间就有过这么一次不太顺畅的交流。

骆宾王写了一首《艳情代郭氏答卢照邻》的长篇七言歌行，怒喷卢照邻对郭氏始乱终弃的行为。诗作一发表就引发了文坛的震动，大伙儿全都眼睛瞪得像铜铃，纷纷赶来强势围观这里面到底有什么香艳刺激的大瓜。

不过很遗憾，这首诗背后并没有什么渣男痴女的狗血桥段。"艳情"这个词跟我们今天的意思也不太一样，是指一种乐府诗题材，或者指描写爱情的诗。

骆宾王是个说话直接的人，他写这首诗更多的是对好友的一种规劝。只不过他的诗并没有得到好友卢照邻的回应。卢照邻倒不是把骆宾王取关拉黑了，他根本就没法回复。

因为卢照邻快死了，或者说，他早就已经死了。

在"初唐四杰"当中，王勃六岁出口成章，骆宾王七岁作《咏鹅》，杨炯十岁就考上了公务员，而卢照邻十多岁的时候，还只是一个背井离乡四处拜访名师的走读生。

跟其他三位相比，卢照邻的童年似乎有点普通，当然，这种普通是相对的，毕竟他的出身可一点都不普通。

卢照邻出自范阳卢氏，这是一个从秦汉时期一直延续到唐朝的超级家族。卢照邻学业有成之后，经人推荐成了邓王李元裕的典签，也就是王府的图书管理员。这个官说起来也没多大，但却有一个天大的福利，那就是可以看书。

在古代，书籍可是高端奢侈品，普通人很难买得起那么多书。

卢照邻就利用这个机会，在王府中边工作边看书，大大增加了自己的知识储备。以至于王府中有多少本书，哪本书在哪个位置，书里大概写了什么内容，他都能说得上来[1]，简直就是一个人肉图书检索系统。

邓王也很看重卢照邻的才华，经常和周围人说："这就是我的司马相如啊！"所以，他不管去哪儿上任都带着卢照邻一起。这段时间的卢照邻过得忙碌又充实。

---

① 见《朝野金（qiān）载》。

可变故很快就发生了。

三十岁之后的卢照邻，用自己的生命见证了什么叫人间悲剧。

首先是赏识他的邓王去世了，卢照邻失去了政治上的靠山。不久后，他又因"横事"入狱，他的亲戚朋友费了老鼻子劲才把他捞出来①。

这"横事"到底是啥，不知道。民间传说他是因为代表作《长安古意》惹恼了梁王武三思。

这首诗里大家最熟悉的可能是那句爱情金句：

> 得成比目何辞死，愿作鸳鸯不羡仙。

虽然卢照邻是史上第一个用鸳鸯来形容情侣的诗人，但他这首诗主要是在讽刺和批判权贵阶层的纸醉金迷和钩心斗角，比如里面有一句：

> 梁家画阁中天起，汉帝金茎云外直。

就是用东汉外戚梁冀的典故来借古讽今。结果武则天的侄子梁王武三思觉得卢照邻是在骂自己，一气之下就把他关进了监狱。

---

① 见《穷鱼赋》。

这个说法听起来似乎挺像那么回事，但却并不靠谱。因为武三思被封为梁王的时候卢照邻都已经快死了，两件事在时间上根本就对不上。

不过以卢照邻当时郁郁不得志的心态，指不定哪句话就得罪人了，所以被人整了也不奇怪。

出狱后的卢照邻被打发到四川做了一个小小的新都尉，相当于成都市周边的一个县公安局局长。任期到了之后，心灰意懒的卢照邻也没去找新工作，就在四川游山玩水，喝酒唱歌，好好地玩了一阵子[①]。

在这段时间，卢照邻遇到了同样被赶出王府的王勃，两人在一起玩得挺嗨，毕竟都是官场上的失败者，实在是相当有共同语言[②]。

大概也就是在这段时间，卢照邻结识了郭氏，两个人处得如胶似漆。后来郭氏怀了卢照邻的孩子，卢照邻也承诺要给她一个名分。不过在那之前，他得先做一件事，就是重新找一份工作。毕竟不管是古今中外，给自己孩子赚点奶粉钱都是各位奶爸的分内之事。

所以，卢照邻告别了身怀有孕的郭氏，离开四川奔赴洛阳，准备重新谋一个差使后再来接郭氏团聚。

卢照邻是这么承诺的，郭氏也是这么相信的。但她等啊等，等到孩子出生又夭折，卢照邻还是没回来。苦命的郭氏只能四处打听卢照邻的消息，结果偶遇了骆宾王，所以，就有了那首《艳情代郭

---

① 见《幽忧子集》。
② 见《九月九日登玄武山旅眺》。

氏答卢照邻》。

骆宾王以自己之笔，借郭氏之口，对老朋友卢照邻发出了灵魂拷问："我也知道长安洛阳美女多，怎么有了新人就忘了曾经的海誓山盟啦？"

卢照邻到底有没有收到骆宾王的这封私信我们不知道，但可以肯定的是，就算他收到了也没用。

因为他离开四川后不久就病了，病得很重。

据史书记载，卢照邻得了"风疾"。这个"风疾"到底是个啥病，今天的我们也说不太清楚。传统中医认为，"风疾"是因风寒湿毒侵袭所引起的关节疼痛或麻木。患者往往身体消瘦，浑身剧痛，而且越到晚上越疼[①]，严重的话甚至会头发脱落，五官歪斜，四肢瘫痪。从症状上来看，可能是痛风、小儿麻痹或麻风病。总之，是那种特折磨人的病。

生病已经很惨了，更惨的是病了还没人管。曾经的所谓朋友全都躲得远远的，卢照邻只能独自养病，"伏枕十旬，闭门三月"，连个来看望他的人都没有[②]。毕竟谁会把时间和精力浪费在一个之前混得不咋地，之后也眼瞅着混不下去的废人身上呢？

从这个角度来说，卢照邻虽然人还没死，但他已经"社死"了。此时别说实现对郭氏的承诺了，连活下去都已经很难了。

---

① 《素问》和《医略六书》都有此病夜间疼痛加剧的记载。
② 见《病梨树赋序》。

好在天无绝人之路，生病的卢照邻遇到了一个好大夫，他的名字叫孙思邈。

没错，就是被后世尊称为"药王"的那个孙思邈。

据说当时孙思邈已经九十多岁了，但气色红润，身体健康，没病没灾，吃吗吗香，反倒是才三十多岁的卢照邻看着要不行了的样子。

看着眼前的孙思邈，卢照邻觉得自己还有一线希望。他跟着孙思邈调养身体，学习养生之道，虽说不至于药到病除，但病情总算没继续恶化。

但孙思邈是唐高宗指定的御医，行程安排得跟着皇上转，也不可能专门为卢照邻一个人看病。后来孙思邈跟着唐高宗出差去了外地，就留下了卢照邻一个人在家养病。这时候有方士给卢照邻开了个方子，让他吃一种叫玄明膏的丹药，据说能治他的病。

卢照邻觉得自己终于看到了希望。

可惜，看得到不一定够得着。

因为大唐没有医保啊，看病是百分之百自费。尤其是方士们的丹药，从原材料准备到最后的炼制成功，全都要花很多钱，可不是一般人能消费得起的。

卢照邻之前没挣到啥钱，全靠家里补贴。但问题是这时候他家里也出事了，遭遇了一场家难，可能是出了什么意外情况，他的兄弟姐妹也去世了好几个，家里的钱已经被掏空了。

什么叫祸不单行，这就是啊！

没法子，卢照邻只能偷工减料，选择一些相对便宜，品相也一般的原材料来配这个丹药。这样吃下去的效果本来就要打折扣，更凄惨的是他正在服药的时候传来了父亲去世的消息。此时的卢照邻连床都下不来，想给父亲尽最后的孝心都做不到。伤心的他哭到崩溃呕吐，吃进去的药也基本上都吐出来了。这之后卢照邻的病情就变得越来越严重了。有人说他是"风疾"加重，也有人说他是服用丹药中了毒，总之是比原来更惨了。

卢照邻只能隐居在东龙门山上，靠别人的接济维持生活。

这得是一种多么痛的领悟啊！

曾经的卢照邻出身高贵，气质出众，满腹才华，颜值亮眼。但现在的他五官扭曲变形，眉毛头发掉得精光，嘴唇也歪斜了，牙齿也脱落了，眼神昏沉，皮肤皲裂，一只手肌肉萎缩，两条腿全部瘫痪，只能每天在病床上勉强挪动，哪怕只是挪动一点点距离，都跟跨越山河大海一样困难①。

此时卢照邻失去的除了身体的健康，还有他作为一个文人的骄傲，作为一个爱人的能力，甚至是作为一个人最基本的尊严。

他曾把自己比作高洁的凤凰，鄙视一切的蝇营狗苟和嗟来之食②。但现在的他却只能用仅剩的一只手，颤颤巍巍地写下《与洛阳名流朝士乞药直书》，苦苦哀求洛阳附近的文人名士能伸出手拉

---

① 见《五悲文》。
② 见《赠益府群官》。

自己一把。

没错，一千多年前的唐代大诗人卢照邻，为了治病已经搞起了众筹。

但"杠精"这玩意哪朝哪代都不缺，有人就在旁边阴阳怪气地说："这帮人凭啥那么好心啊，又是给钱又是给东西的，别是在这搞朋党整小集团呢吧？"

气得卢照邻赶紧辟谣，说："我都这样了，还能东山再起重返政坛吗？！哪里来的朋党啊[1]！"

俗话说，造谣一张嘴，辟谣跑断腿，更何况卢照邻都没腿可跑。经过这么一折腾，大家也都有点心存顾虑，对卢照邻的援助也就慢慢减少了。

就这样，卢照邻过了足足十年瘫痪在床、朝不保夕的日子[2]。他意识清醒，能真切地感受到身体上的疼痛，却无法指挥自己的身体挪动一寸；他头脑灵活，能无数次回想起自己曾经的潇洒自由，却又要不停地担心自己明天怎么活下去。

于是，他变得越来越绝望，只能选择远离人群，隐居在具茨山上。他还给自己起了个忧郁到不行的外号，叫"幽忧子"，甚至连自己的坟墓都挖好了。每天他也不睡在床上，就靠那一只能用的手挣扎着爬到坟墓里睡觉。

---

① 见《与在朝诸贤书》。
② 见《唐才子传》。

………………

东郊绝此麒麟笔，西山秘此凤凰柯。

死去死去今如此，生兮生兮乃汝何！

…………①

此时的他可能最希望的就是两眼一闭，不再醒来，啥时候死，啥时候埋。

但命运却一直不给他一个痛快。于是，卢照邻决定再为自己做一次主，他和亲友家人告别之后，自投颍（yǐng）水而亡，结束了被病痛折磨的一生，享年约五十岁。

在生命的最后时光里，卢照邻又想起了曾经在四川的日子和那些遇到的人。

忽忆扬州扬子津，遥思蜀道蜀桥人。

这个"蜀桥人"，也许就是郭氏吧。

对不起啦，人间不好玩，我先撤了！

---

① 见《释疾文三歌》。

王维

『诗佛』也不『佛』

人间惊鸿客

大唐开元五年（717年）秋天，重阳节。

长安城内外一片节日的欢乐景象。赏菊花，插茱萸，结伴登高，吃重阳糕，好不热闹。毕竟重阳节在唐代可是法定的节假日[①]，此时不嗨更待何时呢？

但人类的悲喜并不相通。

对于那些背井离乡来长安打拼的"长漂"一族来说，看着别人阖家团圆，自己却只能孤零零一个人，滋味肯定不好受。

于是一位十七岁的离家少年，在这一天写下了一首想家的诗，名字就叫《九月九日忆山东兄弟》：

> 独在异乡为异客，每逢佳节倍思亲。

---

① 见《大唐六典·开元假宁令》。

遥知兄弟登高处，遍插茱萸少一人。

这个少年就是王维。

王维写诗很牛。但说实话唐朝别的不多，会写诗的人实在太多了，要是没点别的才艺真的很难出头。

好在王维除了会写诗，还是个"斜杠"青年，他的音乐才华也很突出，称得上是唱作俱佳，弹演皆能。这不但让他迅速火出了圈儿，成了宁王、岐王等皇室贵胄的座上宾，更让他收获了唐玄宗胞妹玉真公主的青睐，还被内定为状元[①]。

当然，这个内定可不是指什么高考作弊或暗箱操作。因为唐代的科举考试本来就是一种笔试和面试相结合的制度。光考高分还不够，你还得能找到政坛大 V 的推荐，这样才能获得好名次，分配工作的时候也能有个好去处。

所以，你知道为啥唐代的诗人经常给这个写诗，给那个献词了吧，这就是一种自我推销的方式，就差站在大街上发传单了。

中了状元之后，王维被任命为太乐丞，相当于皇家歌舞乐团的团长，可以说绝对的人尽其才，专业对口，前途一片光明。

如此完美的人生开局，按理说，王维接下来完全可以拥有一段鲜花着锦、烈火烹油的激情人生，怎么会捞到"诗佛"这么一个无

①　见《唐才子传》。

欲无求的"佛系"外号呢?

这就得从王维刚出道的时候说起了。

想当初,王维也是个热血青年,连战争前线长啥样都不知道就激情四射地写了一堆边塞诗。这就是典型的年轻人心态,心中充满了对建功立业或替天行道的向往,恨不得天天出去见义勇为。

有一次,王维去参加宁王李宪办的文化沙龙,就闹出了不小的动静。

这位宁王是唐玄宗的大哥,身份尊贵,还是个爱玩的文艺青年,经常把长安城里的文人雅士凑一块开"轰趴",大家喝酒赋诗,听歌赏曲,击鞠斗鸡,玩得不亦乐乎。

但这一天的聚会却有点不一样,气氛一点也不嗨,甚至透着那么一丝丝的小尴尬。

只因为场子中间站着一个哭泣的女人和一个沉默的男人,他俩一个是宁王的小妾,一个是宁王府门口卖饼的小摊主,看上去身份悬殊,不应该有关系。

但眼前这个暧昧的气氛,你要说他俩之间没点事也没人信啊。

有知道内情的人就跟旁边人科普了:

你不知道吧,这两人本是王府门口卖饼的一对小夫妻,这小媳妇被宁王相中了,就被"买"进了王府。听说拆散了小两口之后,宁王还特撩闲地问这女子:"你还想原来的老公不啊?"这女孩也不敢回答想不想,宁王就把人家前老公叫到宴会上来了,非得让他俩当场见一面。你看，这不就僵在这儿啦？哎哟，恶趣味啊，恶趣味。

现场的所有人都觉得尴尬，除了坐在上头的宁王本尊。他也不知道是哪条脑回路搭错了，竟然让在座的才子们现场整首诗来记录一下这次"神奇"的会面。

这简直是平砍侧击带顺劈，杀人诛心加鞭尸，谁能下得去笔啊！

王维能。

他站起来脱口而出：

> 莫以今时宠，难忘旧日恩。
>
> 看花满眼泪，不共楚王言。[1]

这首诗听着是劝告女孩不要忘了以前的夫妻情分，但其实里面却引用了春秋时息夫人的典故。息夫人又称"桃花夫人"，也是一个被人从自己老公身边抢走的可怜女子，而抢走她的楚王也干过让被拆散的小两口再见面的事。王维就是在用"息夫人"这个典故来讽刺宁王。

那意思就是：王爷，别太过分了。

这首诗很小众，远不及王维晚年那些空灵的山水诗出名，却最

---

[1] 见《本事诗·情感》。

能说明王维身上不"佛"的一面——连皇帝的大哥都敢当面喷，你说这得多勇吧。

然而人生无常，谁也不知道下一秒砸在脑袋上的究竟是菜刀还是甜枣。

开元九年（721年）三月，王维走马上任，任太乐丞；七月，他就被撤了职，连试用期都没过就被贬为济州司库参军，说白了就是个看仓库的。

对于王维这次自由落体般的岗位调动，《集异记》说是因为王维手下的工作人员私自表演了一把"舞黄狮"。这个舞是只有皇帝本人才能看的，私自表演自然是犯错误，所以王维这个直属领导就跟着一起被处理了。

但也有学者认为，王维可能是卷入了唐玄宗和兄弟之间的明争暗斗。因为这位皇帝也是靠拉帮结派搞政变起家的。所以，他对于宁王、岐王等人招揽文人的做法一直都很不满。很可能当时看"舞黄狮"的观众里就有某个王爷，这一下子就触动了唐玄宗最敏感的神经，当然得出手收拾这几个出头鸟了，所以王维也就这么稀里糊涂地跟着倒了霉。

从中央的皇家歌舞团团长，到基层的仓库保管员，这落差不可谓不大。但摔了这么大一跟头的王维并没有因此而改变初心。他依旧我行我素，好好工作没问题，但是什么溜须拍马，讨好上级之类的事，不好意思，爷不奉陪！

所以王维这仓库一看就看了好几年，始终也没获得提拔。年近三十的王维一个不开心，直接就辞职回家了。

回家待了四年左右，王维的妻子就去世了，一儿半女都没有留下。深受打击的他此后终生没有再娶。后来家里人托关系给他又找了份工作——在集贤院下属的秘书监担任校书郎。

集贤院相当于是出版总署，主要工作就是搜集、整理、校勘、撰写史书。校书郎就是具体干活的文字编辑，这个工作虽然没啥大权力，但业务单纯，工作量不大，没有绩效考核压力，福利待遇还不错，挺适合王维的。

而且在这个岗位上，王维还遇到了一个影响他终生的男人——唐代著名政治家、文学家张九龄。在张九龄的直接领导下，王维又找到了工作上的满足感和成就感。

但是，老天爷又抡来了"第二刀"。

张九龄母亲去世后，他就回家休假去了。没了领导庇护，王维本来心里就空落落的，没多久他又违反了劳动纪律——私自在办公室和好朋友孟浩然扯闲篇儿，结果被老板唐玄宗堵了个正着。

本来这个事可大可小，但孟浩然一激动念了首诗，其中有一句"不才明主弃，多病故人疏"，直接把唐玄宗惹不高兴了。这才第一次见面，怎么就"明主弃"了，你这不是凭空污蔑我有眼无珠吗！

然后唐玄宗就拉着张臭脸拂袖而去了^①。

这下王维也待不下去了，就主动辞了职，再一次变成了"无业游民"。这一次他的心态更加"佛"了，一边游山玩水，一边走亲访友，留下了许多传世名作。

开元二十二年（734 年），在外面溜达了四年多的王维终于回到了东都洛阳。

因为他的偶像张九龄也回来了，并且已经当了宰相，执掌朝政大权。"佛"了很久的王维小心思又动了，觉得自己似乎还可以再努力一下下。

开元二十三年（735 年）三月，张九龄举荐王维担任右拾遗，这个官相当于是唐代的纪检干部，这一次王维总算是正式进入了大唐的中枢权力系统。

张九龄对王维算是相当够意思了，按惯例王维应该写点诗文感谢一下人家。

都是为了混口饭吃，不丢人。

王维写倒是写了，只是这封感谢信写得一点感激的意味都没有，全程都在表示这次提拔不过是一次公事公办。

这倒不是王维在故作清高，因为王维相信张九龄的公正无私。而张九龄也恰好欣赏王维的真诚正直，所以并没有为这封信生气。

---

① 另有说法孟浩然拜访的是张说或张九龄。

但可惜这样美好的日子才维持了七个月，张九龄就被奸相李林甫排挤出了权力中心。

王维本来也想跟着走的，但后来他决定换一种抗争方式，简单来说，就是上班摸鱼，下班积极。他把所有精力都用在装修自己的别墅区上，那里有一大片建筑，还有各种山水园林，他称之为"辋川别业"，可真是两耳不闻窗外事，一心只想农家乐。

不过王维虽然在行动上很低调，但在态度上却很高调。他公开给被贬到荆州的张九龄写了一首《寄荆州张丞相》。

当时李林甫已经是大权独揽的宰相，王维却还公然称被撤职的张九龄为"张丞相"，这几乎就是在明目张胆地和李林甫叫板了。

王维的朋友中也有李林甫身边的红人，这个朋友甚至主动想给王维牵个线，搭个桥。只要王维愿意低个头，服个软，在仕途上更进一步也是完全有可能的。

但王维偏偏不领这个情[1]，他不是无路可走，只是道不同不相为谋。

当然，坚持原则也是要付出代价的。这么不给大领导面子，自然别想舒舒服服地坐办公室了。王维之后好几次被派到地方去出差，什么战火纷飞的河西前线，山高水长的岭南边陲，总之，哪里条件差就往哪儿安排。

---

① 见《重酬苑郎中》。

王维也不在乎那个，就当自己是公费旅游来了。他沿途走走看看，工作完成得分毫不差，还留下了许许多多脍炙人口的经典诗篇。

公元755年，大唐天宝十四载[①]，"安史之乱"爆发，玄宗仓皇逃往四川。五十五岁的王维却被安禄山的叛军抓住了，还被强行授予了一个官。

王维不干，甚至不惜喝药自残，但胳膊拧不过大腿，只能无奈接受。被俘期间，王维写了一首表明心志的诗《凝碧池》：

> 万户伤心生野烟，百官何日再朝天？
>
> 秋槐叶落空宫里，凝碧池头奏管弦。

也正因为这首诗，后来唐军收复失地，王维才得以免于处罚，甚至还被恢复了职务。

当时的人都觉得王维一个年近六十的老头，能有这样的表现已经算不错了，但王维却过不了自己内心的那道关。

世人只看到王维吃斋念佛，写的诗很"佛"，待人接物很"佛"，就以为这就是"诗佛"的全部。

但他的"佛"，从来就不是毫无原则。对待功名利禄，身外之

---

① 唐玄宗为显示自己的丰功伟绩，根据《尔雅·释天》中"唐、虞曰载"的说法，下诏"改天宝三年为三载"。直到唐肃宗乾元元年（758年），宣布将"载"重新改回"年"。

物，他都可以一笑而过。只有内心深处坚守的原则，他从未违背。

唐肃宗上元二年（761年），六十一岁的王维辞去了自己所有的官职，安详地闭上了眼睛。

世人只知道王维是"诗佛"，却不知佛有慈悲心肠，也有怒目金刚。

李白

赘婿，不是那么好当的

大唐天宝元年（742 年）秋天，四十二岁的李白和几个朋友正隐居在泰安府的徂（cú）徕山^①脚下。这里竹林婆娑，溪水淙淙，景色宜人。李白和朋友们天天混在一起，小酒喝着，小歌唱着，看看景，写写诗，修修道，日子好不逍遥，当时的人们称他们几个为"竹溪六逸"，翻译过来就是住在竹溪边上的六个安闲的隐士。

不过比起当隐士，李白更想当官。

所以，当他接到了皇帝唐玄宗发来的工作邀请时，立刻从山里跑回家收拾行李，告别家人，准备迎接自己来之不易的公务员生涯。

临行前，李白意气风发地写下了那首著名的《南陵别儿童入京》：

---

① 今山东省泰安市附近。

白酒新熟山中归，黄鸡啄黍秋正肥。

呼童烹鸡酌白酒，儿女嬉笑牵人衣。

高歌取醉欲自慰，起舞落日争光辉。

游说万乘苦不早，著鞭跨马涉远道。

会稽愚妇轻买臣，余亦辞家西入秦。

仰天大笑出门去，我辈岂是蓬蒿人。

　　酒也酿好了，鸡也养肥了，赶紧招呼儿女杀鸡开席，爸爸吃饱了就要奔向远大前程啦……

　　这首诗把李白当时那种扬眉吐气的激动心情描绘得淋漓尽致，尤其是最后那句"仰天大笑出门去，我辈岂是蓬蒿人"，更成了很多人心目中的励志金句。

　　但是你可能不知道，酣畅淋漓的背后也有不为人知的心酸。

　　比如这首诗的名字叫《南陵别儿童入京》，字面上来说就是和儿女告别。在诗中给李白杀鸡倒酒的，和李白嬉笑亲热的也是儿女，那娃他娘哪儿去啦？

　　这可真是"小孩儿没娘，说起来话长"。据考证，这时候的李白应该正处于感情的"空窗期"，是一个拖儿带女的单身老父亲。

　　不信你看倒数第二句，"会稽愚妇轻买臣，余亦辞家西入秦"，这里引用了汉代名臣朱买臣的典故——这位老兄就是在飞黄腾达前被媳妇踹了。

李白用"余亦"两个字来表示自己和朱买臣一样，都被没有眼光的"愚妇"抛弃过。所以，他最后的这句诗，除了是表示自己天生我材必有用的信心之外，更是在向那位愚蠢的前妻喊话：

哼，从前你对我爱答不理，现在我让你高攀不起！后悔去吧！

说实话，李白写过不少关于女子的诗，这么直接开骂的还真是不多见，可见咱们的"诗仙大大"是受了多大的伤害。

李白一生有史可考的感情有四段，这位气得他飙脏话的前妻到底是哪一位呢？

那我们就得好好挖一挖李白的感情经历了。

开元十三年（725 年），二十五岁的李白离开故乡四川^①，"仗剑去国，辞亲远游"。

李白出门可不是当背包客去穷游的，他家里是经商的，所以出门的时候倒是带足了经费。但问题是李白这个人实在太豪爽，不到一年就把家里给他的钱花光了，反而要靠朋友们的接济才能继续旅程。

不过很快，李白就不用担心差旅费的问题了。

开元十五年（727 年），二十七岁的李白被湖北安陆的大族许家相中了，成功地成了一名并不光荣的赘婿。

赘婿，俗称上门女婿，在大多数人心目中就是个吃软饭的窝囊

---

① 一般认为李白出生在碎叶城，成长于四川。有争议。

废。秦汉时法律规定，一旦朝廷需要什么送死的炮灰啊、干重活的苦力等，就会强行征调罪犯、商人和赘婿这些人[1]。

到了李白生活的唐代，虽然法律上对赘婿已经不怎么歧视了，但在日常生活中，赘婿依然处在整个社会鄙视链的最底端，可以说，不到万不得已，正常男人都不会选择去当上门女婿。

但李白却完全没有这方面的顾虑，当赘婿当得挺心安理得的。毕竟许氏的爷爷曾做过唐高宗的宰相，正经的官宦人家，身份地位、人脉名声比李白这样一个无官无职的商人之子不知道要强了多少。而且他和妻子许氏感情很好，两人还生了一儿一女，小日子别提有多美满了。

对于李白来说，入赘可能说起来不太好听，但眼前的生活有保障，未来的前途有希望，当赘婿也挺好的呀。

准确地说，李白想的是挺好的。但实际情况到底好不好，就是另外一回事了。

首先，就是许家能提供给李白的帮助并没有想象中那么多。许家出过宰相是不假，但这时候已经没落了，在官场上也不太能说得上话。

其次，就是李白这个人，才华魅力肯定是不缺的，但一些个人习惯却非常值得商榷，这也让他在当时变得特别容易招黑。

---

① 见《汉书·武帝纪》。

比如喝酒这件事。

李白的一生，真的是和"酒"这个词深度绑定了。

一个人的时候，他"花间一壶酒，独酌无相亲"，有人陪的时候他"两人对酌山花开，一杯一杯复一杯"；有钱的时候，他"金樽清酒斗十千"，没钱的时候，他"呼儿将出换美酒"；开心的时候，他"人生得意须尽欢"，不开心的时候他"举杯销愁愁更愁"。总之，无论贫穷还是富有，健康还是疾病，欢喜还是哀愁，都能找到喝一口的理由。

如果你是李白的朋友或是粉丝，一定会对这种既有酒量又有文采的酒桌大神爱得不行。

但那些真正和李白生活在一起的人又会是怎样的心情呢？

李白曾给媳妇许氏写过一首《赠内诗》：

三百六十日，日日醉如泥。

虽为李白妇，何异太常妻。

"太常妻"是古代用来指代夫妻感情不和的经典案例①。这首小诗翻译过来的意思就是：我成天不是喝醉，就是在喝醉的路上，

① 典出《后汉书·周泽传》：周泽为太常，虔敬宗庙，常卧疾斋宫，其妻哀其老病，窥问疾苦。泽大怒，以妻干犯斋禁，收送诏狱，时人讥之曰："生世不谐，作太常妻……"后用来形容夫妻分居的不幸婚姻。

你虽然有了我这个老公，但和守活寡也没啥区别啊！

许氏对于李白肯定有不满，但那又能怎么样呢，毕竟是自己丈夫。但外人可不会惯着李白，他四处拜谒名人，希望能获得推荐，但都无功而返，只能"酒隐安陆，蹉跎十年"。

屋漏偏逢连夜雨，仕途受阻的李白又遭遇了第二重打击。

开元二十八年（740 年），妻子许氏不幸病故①，李白这个赘婿也没了继续赖在老许家的理由，只能带着一儿一女搬去了山东，为实现自己的政治理想积蓄力量②。

但治国平天下之前总得先修身齐家。你让李白喝酒、写诗、旅游啥的他没问题，做饭带娃这种事可不在他的技能列表里，所以他唯一的选择就是给自己的两个娃找个后妈。

李白先和一位刘姓女子同居，不过这位刘氏明显不想当这个"接盘侠"，没几天就把李白给踹了③。无奈之下李白又在当地找了个女子来照顾孩子，李白的这位情人兼保姆连个姓名都没留下，后人称她为"鲁夫人"，就是一个山东姑娘的意思。

也就是在这时候李白接到了唐玄宗的征召令，所以他才会隔空向有眼无珠的刘氏喊话④。

---

① 一说许氏与李白离婚。见章培恒《被妻子所弃的诗人——〈南陵别儿童入京〉与李白的婚姻生活》。

② 见竺岳兵，《李白"移家东鲁"考》。

③ 见《李翰林集序》。

④ 见郭沫若，《李白与杜甫》。

出了一口恶气后，李白快马加鞭直奔长安。这并不是他第一次来到这座伟大的城市，只不过上一次来这里实属有点不顺利。

当时李白才三十出头，来长安是为了拜谒名人，寻求入仕的机会。可他刚走进长安北门，就被一群地痞流氓缠上了，对方不但各种碰瓷讹诈，甚至还"摇人"要群殴李白。

而号称"十步杀一人，千里不留行"的李白，梦想"托身白刃里，杀人红尘中"的"诗仙"，在真正面对黑恶势力的时候首先想到的却是报警，这才算躲过一劫①。

好在这一次不用担心碰上什么地痞流氓了，毕竟李白可是皇帝点名要请的人，哪个不开眼的还敢惹事啊。

但李白并没有抓住这个千载难逢的机会。

虽然后世的我们都在传颂"诗仙"的绝世才情和狂放洒脱，但对于皇帝唐玄宗来说，看着李白身为朝廷命官却每天在酒吧里和三教九流推杯换盏，会不会觉得他有失体统，丢了朝廷的脸面？会不会担心他到处乱说，泄露了宫中的机密？

天宝年间的唐玄宗也许称不上是一个好老板，而李白却从始至终都不算一个好员工。

于是天宝三载（744 年），李白被唐玄宗"赐金放还"，重新成了一个普通人。

---

①　见《叙旧赠江阳宰陆调》。

　　这波离职给的遣散费肯定不少，但李白要的是"天生我材必有用"，不是"千金散尽还复来"，这趟长安之行对他的打击之大也就可想而知了。

　　好在此时他身边还有"迷弟"杜甫和好朋友高适做伴，几个人一路边走边玩，沿途留下了不少经典诗句。

　　李白走到宋州①就不走了，因为他成了前宰相宗楚客的孙女婿，当然也是上门的那种。这是李白的第四段感情，是他的第二段正式婚姻，也是他第二次当赘婿。

　　说到这儿可能还有很多人不理解，堂堂"诗仙"李白，为啥会愿意当赘婿？而且还专往宰相家里钻啊？

　　其实这里面就涉及一个非常有意思的话题了，那就是李白的身世之谜。

　　很多人都说李白邪魅狂狷，受不得体制规则的束缚，你看他连科举考试都不屑参加。

　　其实还真不是，李白不是不屑参加科举考试，而是他根本就参加不了。

　　因为唐代法律规定，商人子女是不能参加科举考试的②。不过就算李白能稍微运作一下，撕掉"商人之后"的标签，他还是考不了。

　　因为当时科举考试必须提供"谱牒"或"家状"，有点类似于

---

① 今河南省商丘市。
② 见《唐六典》。

今天的政审文件。可李白却提供不出来，他声称自己和当今皇室是一个祖宗[1]，只不过后来家里遭了难，能证明自己身份和血统的文件都找不到了[2]。

这个说法非常可疑。有专家怀疑李白是当年的隐太子李建成的后人[3]，所以他才不敢说出自己的真正身份，也没法参加科举考试，因为政审那关他就过不去。

如果这个事是真的，也就能解释为啥李白那么心甘情愿地当赘婿，攀高枝了。因为这是他改变命运，实现阶层跃升的唯一方法。

在经历了这么多的打击和挫折后，李白终于知道疼媳妇了。娶了宗氏之后，他不再像以前一样动不动就让媳妇守活寡，而且没事还给媳妇写写诗，说说情话。碰巧这个宗氏也和李白一样喜欢修道求仙，两人挺有共同语言，感情也很好。

不过光小两口关系好没用，李白还要面对来自整个宗氏家族的压力。

婚后不久，李白和妻子宗氏就被迫两地分居了[4]。估计是被人骂吃软饭，不得不出去打拼事业。而且他作为赘婿，总不能把自己和前妻生的儿女也带来一起混吃混喝吧。所以他的孩子留在山东，

---

① 见李白新墓碑文。
② 见傅璇琮，《唐代科举与文学》。
③ 见朱秋德，《论李白的宗室情结及对其人生诸要素的影响》。
④ 见《秋浦感主人归燕寄内》。

新娶的媳妇在河南，自己则到处游荡，寻找那不知道是否存在的发达机会[1]。

后来"安史之乱"爆发，妻子宗氏为了躲避战乱来找李白，小两口总算团聚了，李白就张罗着要把滞留在山东的孩子也接过来[2]。

但孩子们还没到，李白就卷入了永王李璘谋反案，后来全靠妻子宗氏各种托关系[3]，他才由死刑改死缓，被判流放夜郎[4]。夜郎在唐代是绝对的穷山恶水，有来无回，于是李白只能和妻子宗氏洒泪挥别。

不过咱们的"诗仙"并没有真的踏上夜郎的土地。

乾元二年（759年）春，李白走到白帝城的时候，忽然收到了赦免的消息。重获自由的他惊喜交加，马上坐船东下江陵，这才有了这首被写进语文课本里的《早发白帝城[5]》：

> 朝辞白帝彩云间，千里江陵一日还。
>
> 两岸猿声啼不住，轻舟已过万重山。

这一次来迎接李白的是他的一双儿女，却不见妻子宗氏，史书

---

① 见《万愤词投魏郎中》。
② 见《赠武十七谔序》。
③ 见《在浔阳非所寄内》。
④ 约位于今贵州省西南。
⑤ 诗题一作《白帝下江陵》。

并未记载原因，不知道她是已经病故还是求仙去了。总之，此后再也没有出现在李白面前。

此时的李白也已经是个风烛残年的老人，但他依然渴望为国杀敌，主动申请上前线，可惜他的身体实在是不允许了[1]。

"诗仙"也是肉体凡胎，也终有告别人世的时候。

关于李白的死法有很多种版本。有说他是病死的，有说他是醉死的。但流传最广的说法是说李白在江上饮酒，酩酊大醉中把江面当成了天空，跃入水中捉月亮去了。

李白是个优秀的朋友，差劲的丈夫，海量的酒徒，失败的父亲，天才的诗人，糟糕的下属。

这样的人更适合活在文学世界里，活在人们最美好的想象中。

病死太过凄惨，醉死过于平淡，反倒是"醉酒捞月"这么一个浪漫的死法，恐怕才是最适合李白的谢幕方式吧。

---

[1] 见《闻李太尉大举秦兵百万，出征东南，懦夫请缨，冀申一割之用，半道病还，留别金陵崔侍御十九韵》。

陈子昂

格局打开的富N代

唐代的长安城是当时地球上最繁华的国际化大都市,没有之一。

这一天,一个胡人正在街边叫卖一把胡琴,一张嘴就报价一百万钱,在当时大约可以买十二万五千斤大米[1],堪称绝对的天价。所以爱凑热闹的人围了里三层外三层,却始终没人舍得下单。

正在这时,人群中传来一个声音:"一百万,我买啦!"

此话一出,围观群众集体倒吸了一口凉气,大家不约而同地看向了这位"人傻钱多"的土豪,发现此人虽然年纪轻轻,但衣着华丽,举止优雅。原本他站在人群里也没多显眼,不过自从他云淡风轻地豪掷百万之后,所有人都莫名地觉得这小伙身上有一种特别让人欣赏的气质——简称"不差钱"。

有好奇宝宝就问这小伙子:"说你买这么贵的琴干啥啊?"

---

① 见孙微,《陈子昂"怒碎胡琴"故事的文献解读》。

那小伙儿微微一笑说："我这个人特别擅长弹琴，所以买就得买贵的。"

能舍得拿这么大一笔钱来买琴的人，肯定是大师级的音乐家啊。于是大家就请小伙子现场展示展示。

小伙说："行啊，明天咱宣阳坊北门里^①，陈宅，大家都来，我给诸位演奏一曲！"

大家一听好家伙，宣阳坊那是一般人能住得起的地方吗？

宣阳坊东边是东市——大唐的中央商务区之一，富豪云集的超级商圈；西边是皇城——整个帝国的权力中心，大唐的行政中枢所在地；北边是平康坊——整个长安城里最高档的综合娱乐中心，全城唯一能通宵达旦享受夜生活的休闲天堂。

就这地理位置，妥妥地一环中央，精装好房，高端府邸，臻品人居，难怪这小伙能买得起这么贵的琴啊。

第二天，大家如约来到了陈宅，发现连酒菜宴席都准备好了，那把价值百万的胡琴就摆在宅院当中。

大家都纷纷称赞这小伙豪气，于是纷纷入席，边吃喝边等着看表演。

不一会儿，那个年轻人就出现了，所有人赶紧停止吃喝，就等着聆听他用价值百万的琴弹奏出的音乐，想知道到底有多美妙。

---

① 见贺从容、王朗，《唐长安宣阳坊内格局分析》。

　　然后，这个年轻人就在众人期待的目光中举起了琴，咣当一声摔了个稀碎。

　　所有人都傻了眼，一百万的琴啊！直接摔地上听个响是什么意思啊？

　　却见那年轻人开口说道："在下蜀人陈子昂，写过无数文章，但却无人欣赏。弹琴不过是我的业余爱好，我真正的才华都在一篇篇的诗文里啦！"说完他拿出了早就准备好的文章发给在座的宾客，直接把音乐会变成了读书会。

　　在场的人都被陈子昂的"壕无人性"所震撼，再加上他的诗文的确出色，这个新闻瞬间就冲上了长安城本地热搜榜的第一位。陈子昂也就此收获了海量的关注和庞大的流量，堪称大唐版的营销鬼才。

　　这就是陈子昂"怒碎胡琴①"的故事。故事的情节肯定有夸大，但有两个事我们是可以肯定的。

　　第一，陈子昂真的很有才。

　　第二，陈子昂也真的很有钱。

　　你可能会说，陈子昂出手这么阔绰，肯定是个富二代啊。

　　不好意思，这是对陈子昂最大的侮辱。因为人家才不是什么富二代，而是富了不知道多少代。

---

　　① 《太平广记》引《独异志》。

陈子昂不只舍得给自己斥资百万搞营销买热搜，更舍得给别人花钱。因为他家里是四川梓州射洪县 ① 的首富，富到全家人最大的爱好就是做慈善。

有一年当地遭了灾，老百姓流离失所，还没轮到官府出手，陈子昂的父亲就拿出自己家里的粮食赈济了灾民，事后还深藏功与名，不要一点回报。

陈爸爸本身也是参加过科举考试，被授予过官职的人。只不过他觉得当官没意思，压根儿就没去上班，就每天蹲在家里数数钱，看看书，做做好事，教教儿子，小日子过得极其岁月静好。因为陈家的实力强横和口碑爆棚，以至于当地的老百姓有点难处纠纷啥的也不找官府，都找老陈家来做主 ②。

说白了，陈家就是这一片的"话事人"，是黑白两道都惹不起的超级地头蛇。

在这样的家庭环境中长起来的孩子，要么就是骄奢淫逸的享乐主义者，要么就是心怀大爱的理想主义者。

而陈子昂显然是后者。他完美继承了老陈家"达则兼济天下"的豪侠家风，他不酗酒，不好色，不贪财，不享乐，乐于助人，有正义感，是一个很有正能量的富 N 代。

唯一的小瑕疵就是陈子昂小时候的学习成绩有点堪忧。陈爸爸

① 今四川省遂宁市射洪市。
② 见《全唐文》。

好歹也是考中过明经^①的读书人，可小陈那真是一看到书本就犯困，一拿起宝剑就来劲。他不想当学富五车的当代大儒，只想当替天行道的超级英雄^②。

直到有一次他在行侠仗义的时候把别人给捅伤了，他才认识到自己犯了一个巨大的错误。

格局小了。

路见不平一声吼是侠客，但为百姓谋安宁，为万世开太平，才是真正的侠之大者。

从此以后，陈子昂的格局就打开了。他拿起了之前最头疼的书本，以十七八岁的"高龄"开始了自己的读书生涯。

唐高宗开耀元年（681年），二十三岁的陈子昂辞别故乡，进入长安国子监^③，开始全力备战第二年的科举考试。

国子监是朝廷设立的中央官学，一般只招收年龄在十四至十九岁^④，三品以上官员和勋贵的孩子^⑤。

陈子昂祖上没出过顶级高官，他本人的年龄也超了，但他还是顺利地进入了国子监。

---

① 明经，汉朝出现的选举官员的科目，始于汉武帝时期，至宋神宗时期废除。被推举者须明习经学，故以"明经"为名。
② 见《旧唐书·陈子昂传》。
③ 见《陈氏别传》。
④ 见《新唐书·选举志》。
⑤ 见《旧唐书·儒学传》。

别问，问就是"钞能力"在发挥作用。

不过唐代的科举实在太难考，陈子昂连考了两次都没有考上。这也正常，陈子昂在四川算个名人，但到了长安那顶多算个人名。他要想考上，就必须打响自己的名头，让大家知道有他这么一号人物。

所以"怒摔胡琴"的故事就这么发生了，经过这么一番炒作营销，陈子昂的文章引起了京中权贵的注意，他也成了众多粉丝追捧的对象。

光宅元年（684年），二十六岁的陈子昂第三次步入考场，成功考中了进士。此时正是武则天逐步夺取权力，准备取代唐朝建立武周的关键时期。

对于女人要当皇帝这事，十有八九的读书人都是不接受的。毕竟按照传统的社会伦理和儒家学说，男人才是整个世界的支配者，女人稍稍干预点政治都是大逆不道，更何况是当皇帝呢？

但陈子昂偏偏是那个十分之一的少数派，他对于武则天当政甚至当皇帝这事完全没意见。因为他的政治理想概括为两个字，就是"安人"，简单来说就是让百姓安居，让天下太平。

只要能做到这一点，当皇帝的是男是女又有什么分别？

陈子昂的这种观念既来自父亲的影响①，也来自他本人对武则天的感激。

---

① 见《陈拾遗集·卷六·我府君有周居士文林郎陈公墓志铭》。

因为武则天为了获得权力，打破了原有的朝廷格局，她大力打击李唐宗室和传统贵族，重用和提拔那些出身低微的普通人，陈子昂就是受益人之一。

是的，陈家再有钱在真正的权贵眼中也不过是个土财主，那真是普通得不能再普通了。原本每年科举考试能出头的就那么几个，但是武则天这一顿操作下来，相当于大学扩招了，陈子昂这才有了实现自己人生理想的机会。

于是，知恩图报的陈子昂上班后积极发光发热，不停地上书武则天，希望武则天能善待百姓，兴办学校，选贤任能[①]。

武则天对陈子昂的态度非常满意，也很欣赏他的才华，毕竟像陈子昂这样真心实意为她考虑的人还真是不多。武则天曾亲自在金华殿召见陈子昂，送给他"地籍英灵，文称伟晔"的八字评语，还任命他为麟台正字，也就是皇家图书馆的管理员。这个职位品级虽不高，但很适合陈子昂的文化人身份。

这之后陈子昂还干过右卫胄曹参军（负责掌管战备物资）和右拾遗（相当于唐代的纪检干部），但始终没能更进一步。

因为他并不了解老板武则天的核心诉求。

陈子昂身上的侠骨本质上是儒家仁爱精神的体现，但问题是对于女皇武则天来说，儒家就是她最大的障碍，因为在儒家理论中她

---

① 见《谏政理书》。

这个女皇帝压根儿就不应该存在。

为了维护地位，武则天可以广招贤才，可以欣赏陈子昂，但同样为了维护统治，武则天也大肆炒作封建迷信，疯狂任用法家酷吏，一边念着阿弥陀佛，一边把反对自己的人全都送上西天。就连陈子昂本人也被卷入一桩冤假错案，差点死在牢里。

好在武则天也只是把这些酷吏当成"工具人"，当她真正控制了局面后，很快就卸磨杀驴终止了这种白色恐怖。陈子昂也因此得以释放，官复原职，继续任右拾遗。

但此时的陈子昂已经发现，光坐在办公室里提意见是无法实现自己的政治理想的，他决定换一条跑道。

当时正赶上东北地区的契丹族在边境搞事，武则天就任命自己的侄子建安王武攸宜为行军大总管，率领大军北上平叛，陈子昂则被任命为武攸宜的幕府参谋，掌管全军的文书工作。

万岁通天元年（696 年），陈子昂随大军出征，可惜这场战争打得一点也不顺。大军的先头部队一出场就被打得全军覆没，剩余的散兵游勇士气低落，军心浮动，身为统帅的武攸宜瞻前顾后，一筹莫展，眼看这仗就打不下去了。

这个时候陈子昂站了出来，直接跟主帅武攸宜说："你搁这一会儿一个主意是闹着玩呢？不如给我一万人马，保证能打败敌军！"

陈子昂精神可嘉，但武攸宜却不敢接这个茬。他看陈子昂不过就是个书生，而且刚出狱没多久，整个人又病又瘦，能站在这儿好好说话就不错了，哪敢让他带兵突击当敢死队。

之后陈子昂又跟武攸宜提了好几次，武攸宜一生气，就不让陈子昂担任参谋了，直接把他踢出了军事决策圈。

陈子昂这个郁闷啊，没事干的他只能在幽州城里闲逛散心，不知怎么就溜达到了蓟北楼。这座建筑的另一个名字更出名，叫黄金台。传说中是燕昭王为招揽天下贤士而修建的，堪称先秦版的大型人才招聘市场。

但此时的黄金台上已经看不到当初明君贤臣会聚一堂的招聘景象，空荡荡的场地中只有陈子昂一人。吊古凭今的陈子昂泪流满面，将满腔愁绪都化为一声叹息：

前不见古人，后不见来者。

念天地之悠悠，独怆然而涕下。

这就是被称为千古第一叹的《登幽州台歌》。

叹的是怀才不遇，叹的是报国无门，叹的是个人命运和时代大势的错位，叹的是一代文侠的不合时宜。

陈子昂本就心灰意冷，这时他又接到了家中的来信，家乡的射洪县令段简正在找陈家的麻烦，自己的老父亲都被县令收拾了。

陈子昂是忠臣，更是孝子，仗一打完他就写了份辞职报告，回乡照顾老爹去了。

武则天对陈子昂还是挺够意思的，允许他"带官给取而归"，也就是退休而不离职，职位保留，工资也照发。当然，这只是女皇的一点心意，她也知道陈子昂家里不差钱。

但女皇可能不知道，正是这个"不差钱"最后害了陈子昂。

陈子昂回到家乡之后，虽然还顶着朝廷官员的头衔，但只是说着好听，在现实的权力面前已经完全不值一提了。

县令段简看中了陈家的财富，直接找了个罪名把陈子昂抓了，目的就是敲诈勒索。

陈家赶紧凑了二十万缗（mín）①送上去。一缗是一千文，二十万缗就是两亿文，相当于大唐开元末一年总铸币量的三分之二②。

可贪财的段县令还是不满足，他想从陈家捞更多的油水，就把陈子昂关在牢里各种折磨。狱中的陈子昂似乎也有不好的预感。他给自己算了一卦，卦象显示自己将丧命于此。果然，没多久陈子昂就死在了狱中，享年四十一岁。

关于陈子昂的死其实还有多种说法③，比较公认的说法是武则天的侄子梁王武三思就是这一切的幕后黑手。

---

① 有争议。卢藏用《陈氏别传》记载为"二十万"；新旧唐书中则记为"二十万缗"。

② 见《新唐书》。

③ 陈子昂之死说法不一。有县令贪财陷害说，有武三思指使说，有上官婉儿指使说等。

其实回顾陈子昂这一生，会发现真正害死陈子昂的，并不是他的万贯家财，而是他的一身侠骨。因为他总把百姓的福祉放在第一位，动不动就劝谏这个，弹劾那个，不知道坏了武家人多少好事。所以武三思才要报复他。

而陈子昂也用自己的生命捍卫了一生的理想。

侠之大者，为国为民。生而为此，死得其所。

杜甫

我是傲娇我骄傲

人间惊鸿客

　　唐玄宗天宝七载（748年），三十七岁的杜甫给尚书左丞韦济写了一首《奉赠韦左丞丈二十二韵》。

　　这是杜甫第一次回顾自己的人生，也诞生了那句著名的"读书破万卷，下笔如有神"。

　　这个金句在今天的教育界频繁刷屏，除了挂在各种教室或书房的墙上当作名言警句以外，还被很多老师拿来鼓励小朋友增加阅读量——大家一定要多看书，这样写小作文才厉害哟！

　　这可真是个天大的误会，因为人家杜甫本来是这么说的：

　　…………

　　甫昔少年日，早充观国宾。

　　读书破万卷，下笔如有神。

　　赋料扬雄敌，诗看子建亲。

李邕求识面，王翰愿卜邻。

…………

用今天的语境来说，这段话的意思是这样的：

我杜甫从小五道杠，学习成绩排第一。

我知识储备超百度，我写的全是畅销书。

鲁迅和徐志摩见了我都没信心，莫言和村上春树哭着喊着要加我的微信……

听听，这哪里有一点谦虚谨慎的意思，完全就是个吹牛皮不上税的自大狂啊。

在很多人的印象中，"诗圣"杜甫好像始终都很丧，似乎一出生就是个瘦小干枯又满脸严肃的小老头。

但是，谁还没有过青春年少，谁又不曾张狂骄傲呢。

年轻时的杜甫确实很狂傲，但他并不是所谓的"普信男"，人家狂傲得有理有据有传承。

杜家祖上是西晋名将杜预，参与过西晋灭吴的统一战争。自那之后老杜家几百年世代为官，家里出过不少名人。

杜甫的爷爷杜审言被誉为"初唐五言律第一①"，更是当时出了名的狂人。他曾公开表示：不是我吹哈，我写文章的时候，屈原、

———

① 见《诗薮》。

宋玉都只配给我研墨；书法方面，王羲之也得拜我为师[1]！

更夸张的是杜审言临死前，他的朋友，同样是大诗人的宋之问等人来看他，问他最后还有啥想说的没，杜审言微微一笑说："我死了，你们这帮人终于可以出头了，真替你们高兴啊[2]！"

俗话说，"鸟之将亡，其鸣也哀；人之将死，其言也善"，但杜审言却显然不是那庸俗的人，连临终遗言都不忘捅人肺管子。宋之问等人没当场把杜审言捂死，只能说明他们之间的友情是真经得起考验。

小杜甫出生的时候，爷爷杜审言已经去世了。但不知道是不是隔代遗传的关系，爷孙俩的才华和气质都出奇一致。

大家都知道骆宾王七岁写了《咏鹅》，但很少人知道杜甫七岁的时候也写了首诗叫《咏凤凰》。只可惜这首诗没有流传下来，咱也不知道这俩小朋友谁写得更好。

但七岁的骆宾王写的是日常能看见的家禽，而同样七岁的杜甫写的却是传说中的神鸟凤凰，单从选题上来说，谁的格调更高这不是明摆着吗。

等到十四五岁的时候，杜甫就已经是顶级文艺沙龙中的常客了，受到了很多知名大 V 的力捧。他的朋友圈里全是成名已久的各路大咖，动辄粉丝百万的流量明星。杜甫已经不屑于和同龄人一起玩耍。

---

① 　见《唐才子传》。
② 　见《景龙文馆记》。

在他看来，这群小屁孩儿既幼稚又庸俗，根本不配和自己相提并论。

但其实他自己又何尝不是个贪玩的孩子呢？家里的梨树和枣树结了果，他恨不得一天爬上去百八十回，却嫌弃别的小朋友太幼稚，果然是"口嫌体直"的典范。

杜甫在一片赞誉声中成长起来。要是普通人家出身的孩子，肯定得去参加"高考"，争取考中进士好养家糊口啊。

但杜甫却没有。

他家有钱有田又有闲，所以他长大后也不急着去考试，反而拿着家里给的钱到南方旅游去了。美其名曰"去世界尽头看一看"，其实根本就是没有入仕做官的紧迫感。人都说穷人家的孩子早当家，他家又不穷，那么着急参加工作干啥？

直到玩了一圈玩够了，杜甫才去参加了"高考"，就这备考态度能考上才有鬼。但杜甫也不觉得这是自己的问题，就跟今天很多没考好的学生一样，最后都把问题归到出题人水平不行上：

> 忤下考功第，独辞京尹堂。
>
> 放荡齐赵间，裘马颇清狂。[①]

这出的啥破题啊！算了，我还是和首都告个别，去山东找我爹，

---

① 选自杜甫的《壮游》。

然后接着玩吧。

说到做到，杜甫出了考场就直奔齐赵之地，在河北、山东这一片游山玩水，赏美景，喝美酒。

他还登上泰山，写下那句霸气侧漏的"会当凌绝顶，一览众山小"——一次没考上又算啥，老子这么优秀，中个进士不是分分钟的事？

也就是在这个时候，杜甫迎娶了司农少卿（相当于农业农村部副部长）杨怡的闺女杨氏。杨氏比杜甫小十岁，从小受到良好的教育，知书达理，温婉可人，是标准的"白富美"。

娶了媳妇以后，杜甫也不能再肆无忌惮地玩下去了。而且此时他父亲已经去世，他就是想接着啃老都没机会，必须承担起一个男人的责任。于是，他来到长安寻找机会，在这里他遇到了一群好朋友。其中就包括他的偶像李白。

后世都戏称杜甫是"李白全球后援会的总会长"，没事就《赠李白》《春日忆李白》《梦李白二首》《天末怀李白》，堪称"春天想他，冬天想他，醒着想他，梦里还想他"的头号迷弟。

俗话说，物以类聚，人以群分。杜甫这么欣赏、崇拜李白，是因为他在这位老大哥身上获得了共鸣，就像他在《不见》这首诗里写的那样：

不见李生久，佯狂真可哀。

世人皆欲杀，吾意独怜才。

李兄，我懂你。

杜甫和李白一样，有同样的才华，同样的骄傲，同样的抱负，同样的追求，所以他们才能成为最好的朋友。

只是没想到，他们也有同样的遭遇和坏运气。

天宝六载（747 年），唐玄宗举办了一场特殊的人才选拔考试，杜甫当然不会错过这个机会，他相信以自己的才华一定能通过考试，升职加薪，出人头地，迎娶"白富美"……哦，最后这项已经实现了，划掉。总之，就是要走上人生巅峰了。

只可惜他遇到了史上最坑人的 HR——奸相李林甫。

当时大权独揽的李林甫怕这些底层上来的人在皇帝面前乱说话，暴露他欺上瞒下的行为，所以他创造了一个零录取的招聘奇迹——野无遗贤。意思就是参加考试的没有一个是人才，因为皇帝您太英明神武啦，天下所有的人才都已经被你招聘完了！

杜甫及所有同届考生，就此"团灭"。

这是杜甫第二次落榜，这回他不能像上次一样无所谓了，毕竟他需要一份工作来养活自己的一家老小。接下来的几年里，杜甫留在长安跑关系，投简历，参加各种交际活动和面试，寻找一切能出头的机会。

唐玄宗要搞祭祀活动，杜甫就给皇帝写花样文章，顺便推荐自己："我这人也许没啥大能耐，但说起写文章，就是古代的文豪也不是我的对手。陛下您有了我就不需要别人了^①。"

这还不叫大能耐？可把你能耐的哟！

唐玄宗给了杜甫一个面试的机会，让他到宰相的办公室展示一下自己的文采^②。

若干年后，杜甫回忆起那次面试经历的时候还是一脸"傲娇"，说那些中枢机构的大官一个个围在他身边跟一堵堵墙一样，就生怕漏看了他写的文章^③。

的确，这次面试称得上是盛况空前，然后呢？然后就虎头蛇尾了。

杜甫被授予了一个河西尉——绝对的九品芝麻官。他不干，朝廷又给他换了个岗位——右卫率府兵曹参军，也就是个看仓库的。

杜甫本想接着拒绝。但他这时候已经是个四十四岁的高龄失业男，在长安求职十年，连个房子都租不起，只能把老婆孩子安排在城外住。一想到家里饿肚子的老婆孩子，他也只能勉强就任。

毕竟，"傲娇"也不能当饭吃啊。

当然，杜甫的悲惨遭遇背后很可能还有李林甫在搞鬼。毕竟他都说了"野无遗贤"，要是杜甫出了头那不是打他的脸？所以杜甫

---

① 见《进雕赋表》。
② 见《新唐书·杜甫传》。
③ 见《莫相疑行》。

的职场之路注定是不好走了。

后来李林甫死了，再后来，"安史之乱"爆发了。

唐玄宗逃到了四川，唐肃宗在灵武继位，杜甫孤身前往投奔，却不幸被叛军抓回了长安。被困长安的杜甫想起了城外的老婆孩子，满心愁苦地给媳妇写了一首诗，叫《月夜》。

今夜鄜州月，闺中只独看。

遥怜小儿女，未解忆长安。

香雾云鬟湿，清辉玉臂寒。

何时倚虚幌，双照泪痕干。

杜甫是出了名的爱妻。他没有纳妾，也没传过什么绯闻，甚至还劝别人莫要当渣男①。不过虽然爱妻，但杜甫本质上还是个傲娇的人，天天想媳妇想得不行，写出的文字却是：老婆子，孤独寂寞冷不？肯定想我想得遍体生寒，眼泪流干了吧？

真是像极了那些爱你在心口难开的"钢铁直男"。

后来杜甫找到机会逃出长安，加入了唐肃宗的团队，获得了左拾遗的官位。但他也没干多长时间就因为仗义执言被撤了职，杜甫带着家人四处流浪，最后在相对安定的四川落了脚。

---

① 见《数陪李梓州泛江，有女乐在诸舫，戏为艳曲二首赠李》。

此时的杜甫老病缠身，糖尿病、中风、风寒、耳聋、疟疾、肺病、眼病、牙病……一个人就能养活一家医院，全靠朋友们的接济才能勉强度日。

职场的蹉跎，乱世的流离，社会的反复毒打，这个时候的杜甫似乎终于变成了大家印象中的那个样子。

不过，如果杜甫知道你这么想，一定会白眼一翻，丢给你一句话："我才不管那么多。"

杜甫内心的那份狂劲并没有消失，他自己也承认这一点，哪怕住着一刮风房顶就被掀的草堂，哪怕吃不饱穿不暖，他依然"自笑狂夫老更狂"。

当时杜甫的上司叫严武，是中书侍郎严挺之的儿子。他请杜甫喝酒，谁承想老杜喝嗨了之后光着脚踩在严武的床上说了一句："没想到严挺之竟能生出你这样的儿子啊！"

在古代直呼他人的名字是非常不礼貌的，更何况是当着儿子的面叫人家老子的名字呢，但杜甫就是这么干了。

严武瞪了杜甫一眼，说："咋地，杜审言的孙子是想找揍吗？"

得嘞，你叫我爹的名字，我就喊你爷爷的，咱俩就互相伤害①。

生活的困苦或许夺走了杜甫肉体的健康，却没有磨灭他灵魂的骄傲。

----

① 见《云溪友议》。

他和别人谈起自己爷爷的时候会说"吾祖诗冠古";他会在儿子生日的时候告诉他"诗是吾家事";他一身病痛,却还在为唐军的获胜而"漫卷诗书喜欲狂";他自己住在"为秋风所破"的危房里,却还在操心普通人的公租房问题。

后人喜欢管杜甫叫老杜,却从来不管比杜甫大十一岁的李白叫老李。嗯,当然也不敢叫小李。有人说这是因为李白没有暮年,杜甫没有青年。

当然不是说这两人的生命缺了某个阶段,而是在后人的印象中李白是浪漫的"诗仙",永远朝气蓬勃,充满青春活力;而杜甫则是现实的"诗圣",永远忧国忧民,过得很丧。

其实这不过是刻板印象罢了。

杜甫也有自己的骄傲,青年的清狂,中年的傲狂,晚年的痴狂。

他一直都是他,从未改变。

韩愈

生死看淡，不服就干

人间惊鸿客

大唐元和十四年（819 年）正月，长安城里的人正在体验三十年一遇的双重快乐。

第一重快乐当然是过年。辞旧迎新守岁跨年是中国人的传统，肯定是要好好欢庆一番的。

而第二重快乐就厉害了。法门寺地宫里供奉的佛骨舍利要拿出来展览，这可是每隔三十年才举办一次的盛会。为此皇帝唐宪宗特批了一大笔专项经费，说啥也要把这次庆典搞得隆重又热闹。

长安城里荡漾着一种狂热的气氛，有人不惜卖房子卖地，自残身体，也要一睹佛骨的真容，所有人都跟着了魔一样，为佛骨疯狂得不要不要的。

就在这举国欢庆的时刻，一个叫韩愈的人却跳出来泼了盆冷水。

他大笔一挥写下了一封《论佛骨表》，概括起来就是说信佛的皇帝全都不得好死，信佛的百姓全都不务正业。就应该把这佛骨烧了以绝后患。欸，我就骂佛了怎么的吧？有什么报应冲我来，老子没在怕的！

这份文件一送上去，就把唐宪宗看得血压飙升。

你要是反对办庆典乱花钱什么的，皇帝也许还能理解，但什么叫"信佛的皇帝都不得好死"啊？再从善如流的皇帝也经受不住这么赤裸裸的诅咒啊！

于是，暴跳如雷的唐宪宗当着文武群臣的面要把韩愈砍了出气，在大臣们的极力劝说下才从死刑改为死缓，在大唐的东南角找了个地方把他流放了：

给朕滚去潮州！现在！立刻！马上！

于是，正月十四这天，五十一岁的韩愈被踢出长安，奔向了千里之外的潮州，连留下来过个元宵节的机会都不给。

从长安去潮州要先翻越秦岭。冬季的秦岭大雪纷飞，仿佛整个世界都被冻成了奶白色。韩愈骑着马哆哆嗦嗦地往前蹭，突然听到有人在后面喊自己，一回头发现是自己的侄孙韩湘。没错，就是民间故事"八仙"中韩湘子的原型[①]。

对于韩愈来说，眼前的韩湘就是自己此刻最亲的人，于是他以一种交代后事的口吻写下了那首著名的送别诗——《左迁至蓝关示侄孙湘》：

---

① 见《酉阳杂俎》。

人 间 惊 鸿 客

一封朝奏九重天，夕贬潮州路八千。

欲为圣明除弊事，肯将衰朽惜残年！

云横秦岭家何在？雪拥蓝关马不前。

知汝远来应有意，好收吾骨瘴江边。

早上交奏章，晚上就被流放。我只是想做点好事，却换来这么个结局。我知道你来送我的目的，可千万别忘了去南边给我收尸。

这首诗，韩愈真是当作遗言来写的。

他身体一直不好，刚过四十就一头白发，两眼昏花，还掉了六七颗牙①，平时吃饭都费劲，成天病病歪歪一副随时要挂的样子②。所以他才觉得自己这回可能是要交代在潮州了。

这不是韩愈第一次这么敢说话，也不是他第一次因为这么敢说话而倒霉。韩愈的一生，用一句话来概括就是：真的猛士，敢于直面惨淡的人生。

韩愈，字退之。这个字取得那是相当不贴切。因为韩大爷的信条就是：退缩是不可能退缩的，这辈子都不可能退缩的。

他虽然出生于一个官员家庭，童年过得却非常坎坷：出生俩月没了娘，长到三岁死了爹，唯一的大哥也在他十二岁的时候病死了，

---

① 见《落齿》。
② 见《祭十二郎文》。

他是由嫂子拉扯大的。

贫困的家庭环境养成了韩愈刚强的性格和不屈的精神。他好好学习，天天向上，立志要通过科举考试，让含辛茹苦的嫂子过上好日子！

贞元三年（787 年）秋，韩愈前往长安参加科举考试，失败。

复读一年再考，再失败。

又复读一年又考，又失败。

"我还会回来的！"韩愈在离开长安时默默地在心中喊出这句台词。

三年后，他第四次参加科举考试，这次终于考上啦！撒花！

但是在唐代通过科举考试只能说是拥有了当官的资格，想要顺利分配到工作，唯一的办法就是，嗯，继续考试。

加油吧！韩愈同学。

贞元八年（792 年），韩愈参加吏部的选拔考试，失败。

同年，对韩愈有养育之恩的嫂子逝世了，她没能看到韩愈穿上官服，为韩家争光的那一天。韩愈很伤心，他只能回家为嫂子守孝五个月。

五个月后，韩愈又出来打拼事业了。毕竟家里没钱又没人，他还得养活自己。

贞元十年（794 年），韩愈二度参加吏部的选拔考试，二度失败。

贞元十一年（795 年），韩愈第三次参加吏部考试，依然失败。

其间，他先后在两个节度使的幕府里干过临时工，一边挣生活费一边备考，算是半工半读吧。

贞元十六年（800年）冬，韩愈回到长安，第四次参加吏部考试。

这一次，他总算是考上了，被任命为国子监的四门博士，主要负责管理里面的学生，相当于大学里的辅导员。这官位虽然不高，但好歹是个官啊。

韩愈的坚持终于获得了回报，也告诉了我们一个朴素的道理：当我们用"刚强""不屈""坚韧"这类词去称赞一个人的时候，也许并不是啥好事。

因为能配得上这几个褒义词的人生，一定很凄惨。

但对于韩愈来说，过得再惨也不能违背自己做人的原则。

贞元十九年（803年），关中地区发生了严重的干旱。但当时负责长安行政工作的京兆尹李实却欺上瞒下，睁眼说瞎话，愣是把遍地灾情说成了风调雨顺。

此时韩愈已经升任监察御史，提拔他的正是李实[1]。但在真相面前什么交情都得靠边站。韩愈秒变灾荒的"吹哨人"，一顿上书揭露了事情的真相，结果却被李实发动水军栽赃陷害，最后下放到连州阳山[2]当县令。

吃一堑的韩愈并没有长一智，他很快又和嚣张跋扈的地方藩镇

---

① 见《上李尚书书》。
② 今广东省清远市。

114

干起来了。

当时地方藩镇在京中设有进奏院等机构，相当于今天的驻京办事处。但是地方藩镇一直拥兵自重，也不把朝廷放在眼里，在办事处里暗藏士兵，窝藏逃犯，严重损害了朝廷的威信和社会治安。别人不敢吱声，韩愈却敢于揭发这帮人的不法行为。他还跟着宰相裴度一起上过平叛战争的最前线。当朝廷取得战争的优势后，韩愈敏锐地抓住机会，用一封劝降信，摆事实讲道理，连劝说带威胁，最终让叛乱的藩镇乖乖投降。韩愈立下大功，回朝后，被授予刑部侍郎。

这场战争的胜利，让饱受藩镇割据之苦的大唐重新焕发了活力，唐宪宗也为自己赢得了一个"元和中兴"的荣誉称号。也正是因为这样，他才有精神头大搞迎接佛骨的活动，韩愈才会又一次因为说话太冲而被贬。

当然，韩愈并不后悔。有些事总要有人做，有些话总得有人说！哪怕是死又如何！

但此时的韩愈没想到，这世上有些东西比死还可怕。就比如他马上就要打卡体验的"潮汕美食"。

潮州位于广东和福建的交界，在吃的方面秉承了海边人一贯的生猛和天马行空。韩愈在潮州吃的第一顿饭，就让他大开眼界。

这位一生都没屁过的暴躁大爷，在《初南食贻元十八协律》这首诗里心有余悸地描述了自己当时吃的几样食物：

鲎（hòu），比恐龙出现还早的生物活化石，拥有蓝色血液的异形战士；

蒲鱼，也叫蝠鲼（fèn），外号"魔鬼鱼"，今天各种海洋馆和水族馆的常驻嘉宾；

生蚝，传说中的滋补佳品，热情的当地人直接搬了一座蚝山过来，密密麻麻的样子简直可以逼死密恐症患者；

蛤，字面上看是北方人也吃的蛤蜊，可菜端上来才发现原来是青蛙；

还有章鱼、干贝之类的海货，在当地人看来都是美味的海鲜^①。但在韩愈这个北方人吃起来，不过是腥臭和更腥臭的区别罢了。

那真是激动的心，颤抖的手，胃里一阵阵干呕。

硬着头皮忍着恶心吃了一圈，韩愈悲哀地发现，自己唯一认识的食材竟然是笼子里装的蛇。可是这个他也吃不下啊，就让人把蛇给放了。那蛇临走前还非常不满地瞪了他两眼，搞得韩愈还挺委屈："又不是我把你抓来的！怎么说也是我放了你一条生路，你就算是不来报恩也不用这么怨恨地瞪我吧！"

写诗吐槽了潮州难以下咽的饭菜后，韩愈发现这地方让他头疼的东西还有很多。

唐代的潮州可不是今天的沿海发达地区。韩愈来的时候，这里

---

① 《博物志》："东南之人食水产，西北之人食陆畜。食水产者，龟、蛤、螺、蚌以为珍味，不觉其腥臊也。"

天上有飓风，水里有鳄鱼，瘴疠横行，蛇虫满地，有太阳时晒得要死，没太阳时潮得长毛①……那真是两个小伙儿叠罗汉——难（男）上加难（男）啊！

不过要是这么容易被苦难打垮，那就不是韩愈了。他作为一个被贬的干部，本来可以啥也不干的。但出于内心的正义感和责任感，韩愈还是为当地人做了许多力所能及的好事：办学校，治水患，驱鳄鱼，兴农业，甚至开始推广起了"普通话"。

虽然韩愈在潮州只干了不到一年，却赢得了所有百姓的心。现在我们去潮州品尝潮汕美食，欣赏沿海风光的时候，依然能看到"韩江"和"韩山"等韩愈留下的印记。

唐穆宗长庆元年（821年），韩愈调任兵部侍郎，相当于国防部副部长。刚走马上任的韩愈就接到了一个棘手的任务——镇州发生了兵变，叛军头子王廷凑竟然自己给自己封了个节度使，还厚着脸皮要朝廷承认他，韩愈就被派去摆平这个事。唐穆宗嘱咐他要一停二看三通过，到了地方先看看形势再说，别直接就闯进去。

韩愈说，好的。然后转头一个人就冲进了叛军大营。

"皇上让我别去，是君主对我的关心。但不怕死地完成任务，是臣子应尽的义务！"

王廷凑还想给韩愈来个下马威，找了一群肌肉男拿着凶器在门

---

① 见《潮州刺史谢上表》。

口堵韩愈。不过韩大爷什么世面没见过，他面不改色地走进包围圈，对叛军发出了三个灵魂拷问：

当年的安禄山、史思明等叛贼，连子孙后代都跟着倒霉，你们不知道吗？

那些归顺朝廷的将领，现在都是高官厚禄，活得多滋润，你们没看见吗？

朝廷派我来，这么给你们面子，你们还想怎样？

三个问题问完，刚才还在那咋咋呼呼的叛军全都没动静了。因为韩大爷已经把话说得如此透彻——反叛的都遭殃，归顺的能沾光，现在朝廷已经给了台阶，这时候再不下还等啥呢？

事情发展到这一步，剩下的就是赶紧用好酒好菜把韩大爷伺候好的问题了。

摆平了镇州兵变之后的当年九月，韩愈转任吏部侍郎。长庆三年（823年）六月，韩愈升任为京兆尹兼御史大夫，相当于全面掌管首都的行政和司法监察工作。

俗话说，人的名儿，树的影儿。韩大爷一上岗，就连平日里最骄横的神策军上下都变成了遵纪守法的小白兔。他们都私下里嘀咕："可千万别惹韩大爷啊，他连佛骨都敢烧！弄死我们那不是分分钟的事嘛！"

不过韩愈在这个位置上也没干几天。晚年的他虽然还是疾恶如仇的脾气，但多病的身体已经无法支撑他继续战斗下去了。

　　长庆四年（824 年）八月，韩愈因病退休，四个月后，病逝于长安靖安坊，享年五十七岁，追赠礼部尚书，谥号文，后世尊称其为"韩文公"。元丰元年（1078 年），宋神宗追封他为昌黎伯，并从祀孔庙。

　　其实"文"这个字并不能概括韩愈的一生。

　　韩愈，字退之，却终其一生都未曾退却过。

元稹

薛定谔的渣男

人间惊鸿客

曾经沧海难为水，除却巫山不是云。

取次花丛懒回顾，半缘修道半缘君。

元稹的这首悼亡诗不知赚了多少后人的眼泪，也为自己赢得了一个多情才子的头衔。

事实上，元稹的感情经历的确非常精彩。他在正式婚姻中有过两妻一妾，在婚外感情里还有莺莺、薛涛、管儿和刘采春四个绯闻女友。

元稹小时候家里特困难，所以他十五岁就去考了明经，为的就是早点参加工作，给家里减轻点负担。唐代的明经科有点类似今天的大专，考起来容易，但找工作费劲。

待业期间，元稹遇到了他的初恋"莺莺"。关于这个女孩到底叫什么名字其实一直有争议，我们就姑且叫她"莺莺"好了。

元稹和莺莺是表兄妹①，元稹对美丽的莺莺一见钟情，不但用情诗开展了无数轮甜蜜轰炸，还不惜翻墙头玩潜行去和莺莺约会，于是两人很快就确立了恋爱关系。

但这段恋情并没有开花结果。元稹最终选择和莺莺残忍分手，转身娶了出身更好的韦氏。

韦氏是家里最受宠爱的小女儿，却甘之如饴地跟着元稹过穷日子，每天粗茶淡饭不说，甚至变卖自己陪嫁的首饰给丈夫换酒喝。

家里有这么贤惠的媳妇，却有传闻说元稹趁着去四川出差的机会和当地著名的才女薛涛搞起了姐弟恋。两人又是写诗互动，又是出双入对的，泡在一起腻歪了好几个月。

只不过工作完成后，元稹就丢下薛涛回到老婆身边，完全不顾之前的海誓山盟了。不久后，他媳妇韦氏就去世了，死的时候才二十七岁。

刚丧妻的元稹很快又爆出了第三段绯闻，给一个叫"管儿"的女乐师②写了首《琵琶歌》。随后他又在老婆死了不到两年的时候，买了个叫安仙嫔的小妾回家。这个小妾安氏和元稹一起生活了四年后也死了。

元和十年（815年），元稹被贬通州，也就是今天的四川省达州市。这是他第二次来四川，薛涛小姐姐还在苦苦等着他，但元稹

---

① 见谢思炜，《崔郑家族婚姻与〈莺莺传〉睽离结局》。
② 另有观点认为元稹与"管儿"相识在他十七岁之时，是比莺莺还早的真正初恋，见吴伟斌《关于元稹婚外的恋爱生涯——〈元稹年谱〉疏误辨证》。

却转身娶了富家女裴氏，一门心思地攀高枝儿。

此后元稹的官位步步高升。他在朝廷当了三个月宰相，后因遭人诬告被罢相，出为同州刺史。两年之后，调到浙江当了越州刺史兼浙江观察史。

这个时候他突然想起曾经的那个薛涛小姐姐了，于是他又把薛涛请到浙江来再续前缘。但是没想到元稹又遇到了另一位女诗人刘采春。刘采春和薛涛一样，都被后世列入"唐代四大女诗人"。她的文采和诗作水平不如薛涛，但最大的优势就是比薛涛年轻貌美。元稹马上就把人老珠黄的薛涛丢在脑后，转身和刘采春打得火热。

看到这里，想必大家都已经气得拳头硬了吧。这元稹就是一个始乱终弃、喜新厌旧的渣男啊！

先别急，让子弹再飞一会儿。

可能元稹自己也没想到，后世会有人为了他到底渣不渣吵成一团。那他到底是不是渣男呢？

我们先来看看元稹这几段绯闻到底是怎么回事。

元稹和初恋莺莺的感情纠葛可以从他写的一本小说——《莺莺传》①——中寻找到蛛丝马迹。后来，经过元代著名杂剧作家王实甫的二次创作，它变成了今天人们熟悉的《西厢记》。只不过《莺莺传》里张生和莺莺最终分道扬镳，《西厢记》则把结局修改成有

---

① 《莺莺传》又名《传奇》。因文中有《会真诗》三十韵，后世又称其为《会真记》。

情人终成眷属。

自宋代以来，一直有人认为《莺莺传》就是元稹写的自己的初恋故事。近代包括陈寅恪和鲁迅在内的许多大家也都持这个观点。但并无确切证据，这个问题一直还是有争议的[1]。

但退一步说，就算这个故事的确是元稹在写自己的初恋，他也真的选择和莺莺分手了，就能说他是渣男吗？

对于今天强调自我感受，崇尚追求真爱，鄙视世俗眼光的少男少女来说，答案当然是肯定的，但是在唐代就不一定了。

在当时，男人想成功有两条路：考中进士，迎娶五姓女[2]。简单来说就是要么高考顺利，要么媳妇给力，这就是那个时代成功人士的标配。

而当时的元稹二十出头，明经出身，待业在家，想要更进一步的最大希望就是娶个门第高的媳妇，莺莺本不应该是他的"菜"。

可感情这种事谁又能说得清楚呢。两个年轻人擦出了爱情的火花，却违背了社会的主流价值观——未经父母允许的自由恋爱和不符合门第的婚姻结合，在当时的人看来都属于"美丽的错误"。

再美丽的错误，也是错误。

---

[1]　宋代赵令畤《侯鲭录》，明代胡应麟《少室山房笔丛》，近代鲁迅《中国小说史略》，陈寅恪《元白诗笺证稿》等都认为"张生"为元稹的自寓。但也有部分学者如吴伟斌《"张生即元稹自寓说"质疑》反对这一观点。
[2]　又称五姓七望或五姓七家。分别为清河崔氏、范阳卢氏、荥阳郑氏、太原王氏、陇西李氏、赵郡李氏和博陵崔氏。

元稹的残忍离开，借张生之口说出的"女人祸水论"，莺莺在被抛弃后那种"怨而不怒"的淡定，都真实反映了唐代人在感情生活中的原则和态度①。在整个中国古代的主流婚恋观中，元稹的做法非但不是始乱终弃，反而是知错能改。

是的，就是这么三观炸裂。

在古代那个男权社会的背景下，为了飞黄腾达，为了事业成功，为了大仇得报……反正不管是为了啥吧，抛弃个小女子，那不是再正常不过的事情嘛。

不信你看看西施、王昭君、貂蝉和杨贵妃这四大美人，当女间谍的，当和亲礼物的，当阴谋道具的，当背锅借口的，哪个是作为真爱女主角存在的？

就连被后世尊为仁德的代表，忠义的化身的刘备刘皇叔，在《三国演义》里不也一口一个"兄弟如手足，女人如衣服"的搞性别歧视？怎么没人骂他是渣男呢？

哦，也对，他还有个逃命时把老婆孩子都踹下车的祖宗刘邦，这也算家族"传统艺能"了。

所以元稹在和莺莺的初恋中到底"渣不渣"，就跟"薛定谔的猫"一样，恐怕得由观察者自身的立场和态度决定。

而元稹的第二段绯闻——和才女薛涛的姐弟恋，就更冤枉了。

---

① 见陈寅恪，《读莺莺传》《元白诗笺证稿》。

元和四年（809 年）元稹被任命为监察御史，同年春被派往四川调查贪腐案。元稹从小就立志要做一个为民做主的好官①，所以，他星夜兼程赶到了剑南东川节度使所在的梓州②，一到地方就开始了案情的调查。

可不查不知道，一查吓一跳。原来这竟然是一个从上到下都有份的"窝案"。元稹通过一个多月的斗智斗勇和调查走访，基本查清了东川节度使严砺等一众官员贪污腐败、巧取豪夺、欺凌百姓的犯罪事实，漂亮地结了案。

但元稹无论如何也没想到，他是人在衙门坐，绯闻天上来，不知道怎么就和蜀中才女薛涛扯到了一起。

从时间上来说，元稹这次入川查案来回一共才三个月，其中两个月还都是在路上奔波，在梓州一共才待了一个月多一点，每天都忙着查案子，就算是想撩妹也没档期啊。

从空间上来讲，元稹在梓州，薛涛在成都，这两个地方一个北一个南，元稹没有去成都的必要，薛涛也没有来梓州的理由，目前我们也找不到确凿证据证明两人见过面。

从情理上来看，元稹的组诗《使东川》里一个字都没提到他和薛涛有过啥交往，就连他那个向来大嘴巴的"铁子"白居易也从没提过这事。后世虽然流传着几首元稹和薛涛的互动诗，但这些诗作

① 见陈寅恪，《叙诗寄乐天书》。
② 见《使东川·夜深行》，梓州，即今天四川的三台县。

从来没出现在元稹或薛涛的诗集里，有学者就认为这很可能是后人跟风伪造的花边新闻[1]。

再来说说第三段绯闻——元稹和女乐师"管儿"的互动。

四川之行后，元稹因为秉公执法遭到了打击报复，住招待所时被一群太监群殴到破相。可身为受害者的元稹却被贬为江陵府士曹参军，相当于从最高检察院到了地方街道办。

正是在被贬路上，元稹给那个叫"管儿"的乐师写下了著名的《琵琶歌》。但这首并不是撩妹的情歌，而是一首悲伤的怨歌。元稹是借管儿这样一个怀才不遇的音乐家来诉说自己的时运不济。甚至还有观点认为这个"管儿"都不一定是个女的[2]。

至于最后那个为了刘采春而冷落薛涛的段子，就更让人一言难尽了。

这个故事记载在晚唐范摅的《云溪友议》里，说元稹和薛涛有一条腿的也是他。也不知道这位哥为啥总逮着一只羊薅羊毛，给元稹编排这么多绯闻段子。

首先，薛涛和元稹没有交往，这个前面已经说过了。何况这时候薛涛身体不好，在家附近溜达都做不到，哪可能不远万里地去浙江参加元稹组的局？

---

① 见冀勤，《元稹道德品格之我见》。
② 见程国赋，《论元稹的小说创作及其婚外恋——与吴伟斌先生商榷》。

其次，元稹和刘采春就算有交往，也算不得什么绯闻。因为在古代，男人出入风月场所，或者在宴席上找几个唱曲陪酒的姑娘，一不违反法律，二不败坏道德，甚至是一种很高端的风雅佳事。

绯闻的问题说完了，再来看看元稹的婚姻经历。

现在很多人总揪着元稹悼亡诗里那句"取次花丛懒回顾，半缘修道半缘君"来说事。怒喷元稹把自己说的那么心如止水、心如死灰，结果媳妇刚死两年就纳妾，小妾死了又再娶，这不明显就是"口嫌体直"的两面派嘛！

这可真是读古诗读得过于上头了。

元稹在江陵的生活过得很难，妻子早亡，女儿年幼，他身体又不好，这个家确实是需要一个女人来照顾。而且他买安仙嫔的时候，韦氏去世快两年了，这个时间对于寿命不长的古人来说也不算短了。古代礼法规定，妻子死后三年内，丈夫是不能再娶妻的，而元稹只是买了妾，他的做法从礼法上来说没有任何可以指责的地方。

而元稹的第二任妻子裴氏是在通州时娶的，这个时候安仙嫔也死了有一段时间了。当时的元稹患病在身，仕途不顺，全家上下就靠着他那点死工资，医药费算是勉强能支付，生活费则入不敷出。天气冷的时候，孩子只能坐在冰冷的席子上号啕大哭，媳妇也没有御寒的棉衣可以替换，就连生火做饭用的柴火都供不上①。以元稹

① 见《景申秋八首》。

当时有上顿没下顿的经济状况，就算他想当渣男也没资本。

当然也有句话叫"男人有钱就变坏"，后来元稹在仕途上转了运，生活状况也好了不少，至少从物质生活层面是具备了当渣男的实力。

但是这里面还有一个不应被忽视的客观因素——元稹没儿子。

元稹的第一任妻子韦氏生了五子一女，只活下来一个女儿；元稹买的妾安氏生了一子两女，在他调任浙江前全都夭折了；而元稹的第二任妻子裴氏，婚后多年都没有生育，直到大和三年（829年），元稹和韦氏所生的女儿都嫁人了，裴氏这个高龄产妇才给元稹生了一个儿子，之后又陆续生了三个女儿，元稹这才暂时摆脱了没儿子的绝嗣命运。

在古代没有儿子这件事简直比天还大。而所谓的"第四段绯闻"发生时，薛涛已经五十了，刘采春也四十开外，你说元稹和她们在一起是图个啥啊，要找也是找年轻一点的啊。

而元稹并没有这么做。他还是守着妻子裴氏，哪怕老两口都没个孩子，他还是把裴氏捧着哄着，不离不弃。

说句难听点的话，元稹一生和三个女人生了十三个孩子[1]，却连一个非婚生的子女都没有。如果他是那种广泛撒网，重点培养的"海王"，那私生子不得一窝一窝的，还用得着犯愁老了没儿子？

所以，这一点可以侧面证明元稹不只是和薛涛、刘采春没有绯

---

[1] 见田恩铭，《元稹和中唐士人心态》。

闻，而是他的婚姻里就没绯闻。他虽然有过两妻一妾，但这三个女人是先后出现在他的生命里，他每次都抱着和眼前女子厮守终生的态度，既无备胎计划，也没花边新闻，所以说他是渣男，着实有点冤了。

你如果批评元稹对莺莺的抛弃也没问题，但这属于用今天的观念去要求古人，用周星驰电影《九品芝麻官》里的经典台词来说，那就是：包大人好大的官威啊，用前朝的剑，来斩本朝的官？

更何况，元稹丧偶再娶的事哪怕放在今天，其实也是可以理解的。现在连针对老年人的相亲节目都上电视了，元稹再找个伴儿这件事为何成了他的罪过呢？

做人，不能太"双标"啊！

白居易

除了你，人间不值得

评判美人的标准有很多，白居易一个人就贡献了两条，只因为他写了一句："樱桃樊素口，杨柳小蛮腰。"

从此，"樱桃小口"和"小蛮腰"就成了美女的标配，以至于后世一大堆什么"A4腰""耳机腰""巴掌腰"之类的短视频还在不停地贩卖外貌焦虑。

但大家可能不知道，这句诗中的樊素和小蛮只是白居易最喜欢的两个家妓，除此之外他还有："菱角执笙簧，谷儿抹琵琶。红绡信手舞，紫绡随意歌。"

这菱角、谷儿、红绡和紫绡全都是他养的歌妓。晚年的白居易可以说是一个人就养了个唱跳女团。而且白大爷手下女团更新迭代的频率，一点也不比今天娱乐圈里新人胜旧人的速度慢。白居易定期就会"辞旧迎新"，让她们陪他喝酒、唱歌、跳舞，不嗨到淋漓尽致不痛快。

这样的白居易，再配上他的字"乐天"，一个不正派的形象可以说就呼之欲出了。但大家回想一下自己学过的语文和历史课，是不是很少听到有人说白居易是渣男，反而是骂元稹的比较多。

没错，虽然白居易泡妞喝酒又迷信，但他却是一个用一生来致敬初恋的人。

白居易原本是河南新郑人，后来父亲升任徐州别驾，他们一家就搬到了符离①定居。白居易当时已经凭《赋得古原草送别》提高了知名度，为了考中进士，他念书念到嘴里长疮，写字写到手上长茧。因为太过刻苦用脑过度，才十几岁就饱受少白头和脱发的折磨②。

但如此紧张忙碌的复习备考也没耽误这孩子早恋呀。

白居易家隔壁住着一户人家，家里有一个比白居易小四岁的女儿，叫湘灵。其实湘灵是中国古代的爱情女神，到底是不是这个邻家小妹的真名也不好说，我们就姑且这么称呼她好了。

白居易是腹有诗书的文艺青年，湘灵则是温柔美丽的邻家小妹。两个年轻人相互吸引，很快就坠入了爱河。

但白家世代为官，湘灵却是普通人家的闺女③，这在当时属于绝对的门不当户不对，所以这段恋情从一开始就遭到了白居易父母的强烈反对。

---

① 今安徽省宿州市。
② 见《病中作》（时年十八）。
③ 另有观点认为湘灵可能是歌伎。

　　唐德宗贞元九年（793年），白居易的父亲调任襄阳别驾，顺手给白居易办了转学手续——省得他在家不好好学习就知道搞对象！

　　白居易在襄阳待了没多久就又回到了符离，因为他父亲死在了襄阳，白居易把父亲的尸骨带回符离，在这里边读书边为父亲守孝。

　　虽然恋人就在隔壁，但守孝期间是不能谈情说爱的，他们也只能隔着高墙互相想念。白居易守孝期满后立即跟母亲提出了迎娶湘灵的请求，结果遭到了拒绝。

　　白居易无法违背母亲的命令。这和他特殊的原生家庭有关，因为他爹和他娘其实是舅舅和外甥女的关系，双方年纪相差二十六岁①。这样奇葩的夫妻组合让白居易的母亲变得性格乖张又顽固，动不动就失控②；而白居易小时候的功课是母亲辅导的，父亲死后，支撑整个家的也是母亲③。白居易对母亲是又爱又敬又怕，被拿捏得死死的，根本就无力反抗。

　　贞元十五年（799年），白居易要去长安参加科举考试。这一次他终于忍不住，偷偷和湘灵见了一面，相恋多年却始终无法修成正果的两个人抱头痛哭。

　　分别前，湘灵送给白居易一面双盘龙铜镜和一双锦鞋。在今天的某些地区，情侣之间挺忌讳送鞋，据说容易联想到谁要把谁送走

---

① 见陈寅恪，《元白诗笺证稿·白乐天之先祖及后嗣》。
② 见《白文公年谱》。
③ 见《襄州别驾府君事状》。

的意思。

但在古代女子给情郎送鞋子的寓意是希望自己和爱人能像这一双鞋一样，风雨同行，常伴左右。双盘龙的铜镜也是同样的意思，希望两个人能双宿双栖，不离不弃。

可惜这些都只能是美好的愿望。身份的差距，家庭的阻力，世俗的眼光，都不是这两个年轻人所能抵抗的。他们都清楚，已经到了最后的时刻。于是白居易含泪写下了一首《潜别离》：

> 不得哭，潜别离。
>
> 不得语，暗相思。
>
> 两心之外无人知……
>
> 唯有潜离与暗别，彼此甘心无后期。

别哭泣，让我悄悄地走。

别说话，让我们偷偷地想念。

这样的心情，除了彼此无人知。

有些人，一转身就是一辈子。

第二年，二十九岁的白居易考中进士，成了长安城内颇受追捧的钻石王老五，无数世家大族向他这个单身潜力股发来了私信，想招他当东床快婿。

可白居易却一概拒绝，不管家里人怎么催婚，他就是不松口。

单论对待初恋的这件事上来说，白居易可比元稹要痴情太多了。

放弃了爱情这条跑道后的白居易，把自己的全部精力都投入到济世救民的伟大事业中来。他和好友元稹一起推广新乐府运动，用辛辣的语言针砭时弊，揭露各种黑暗的社会现象。

一晃，白居易拖成了年近不惑的中年大叔，但他依然在打光棍，也不张罗着找媳妇。要知道在唐代，这个岁数的人如果抓点紧，四世同堂都有可能。

白居易不急，不代表他周围的人也不急。最终在别人的撮合下，白居易娶了朋友的妹妹杨氏，总算结束了自己的单身生涯。

白居易对杨氏说不上有多喜欢。他会吐槽妻子读书少，干活慢啥的，但也会写诗报平安，告诉妻子不要太思念自己，还表示不管发生什么，自己都会尽到一个丈夫应尽的责任。

总之，就是凑合过吧。

几年后，白居易的母亲也去世了。白大娘死得很扑朔迷离，据说是因为精神失常坠井而亡的。

母亲去世后，白居易又回了一次符离。这一年白居易已经四十二岁，和杨氏结婚也已经六年。故地重游，物是人非，湘灵一家已经不知去向，白居易只能苦笑着自嘲：

世法贵名教，士人重冠婚。

以此自框梏，信为大谬人。①

唉，我终究还是逃不过世俗的压力，只能辜负了你啊！

而命运的剧本就是这么神奇，白居易和湘灵的缘分并没有彻底断绝。

在好友元稹因为得罪人被贬出长安后，白居易依然坚守着正义的阵地，对一切不合理的存在猛烈开炮，就连老板唐宪宗有时都受不了他的猛烈攻击。

于是元和十年（815年），得罪了一票人的白居易被贬为江州司马。

说真话却要受惩罚这事已经很让人憋气了，更让白居易无法接受的是，那些对他怀恨在心的人给他安的罪名竟然是"大不孝"——他们说白大妈是因为赏花坠井而死的，而白居易还开心地写了《赏花》及《新井》，这简直就是没心没肺的畜生啊！

这个罪名对于一向以孝子自居的白居易来说，那真是天大的侮辱。而就在赶赴江州的路上，白居易竟然遇到了沦落江湖的湘灵。

这一年，湘灵已经快四十岁了，却依然没有嫁人。在人生最失意的时候遇到错过的初恋，还有比这更伤感的场景吗？

年少时的热恋，中年时的沧桑，过往种种历历在目，刻骨相思

---

① 见《朱陈村》。

如影随形，白居易和湘灵这两个已经不再年轻的相爱的人，只有相对泪千行。百感交集的白居易写下了《逢旧》：

> 我梳白发添新恨，君扫青娥减旧容。
>
> 应被傍人怪惆怅，少年离别老相逢。

但就算再见又如何呢，有些人错过就是错过了，此后他们再也没有见过面。

白居易到江州开始他的贬官生涯。这里气候温润潮湿，衣物行李容易发霉。有一天趁着天晴，白居易把行李箱里的东西拿出来晾晒。他看到了十多年前湘灵送给他，他也一直带在身边的那双鞋。只可惜鞋犹成双，人已永隔[①]。

白居易不禁想到，当初为了孝顺母亲，自己违背了感情的初心；后来他为了忠义坚持原则，竟然又被扣了个"不孝"的罪名。

这不明显不公嘛！

这次被贬江州的经历，对白居易来说是一次深刻的世界观重塑。之前他和元稹一样，以胸怀天下为己任，立志要为江山社稷和黎民百姓多做点好事。但这次被贬江州后，他突然寻思过味来："孟子说得对啊，穷则独善其身，达则兼济天下。嗯，我还是少写讽刺文，

---

① 见《感情》。

多作闲诗，当一个光拿钱不干活的闲人吧①。"

此时元稹已经被贬到条件更加艰苦的通州，对于好友的这个观点，元稹并不同意。他表示："命苦不能怪朝廷，有能力就帮所有人，没能耐就帮身边人。帮助别人这事不分大小，反正不能只为自己考虑就是了②！"

这就是白居易和元稹的另一个区别，他们都有兼济天下的理想，但当仕途不顺时，元稹选择宁折不弯，而白居易则选择随遇而安。

从此之后，白居易和元稹对待人生的态度就完全是两个样了。

元稹一生四次被贬，但始终不改初心，只要有机会就要在政治舞台上发光发热，哪怕碰得头破血流。他就跟个篮球一样，被拍下去再弹起来，弹起来再拍下去，却从来没有泄气的时候。

而白居易则正好相反，被贬江州后他是能躲就躲，谁也不惹，有升官的机会他也不争取，什么荣誉也好重担也罢，他也是能让就让。什么党争，什么国事，全都与他无关了。用他自己的话来说就是："人言世事何时了，我是人间事了人。"

唐文宗大和五年（831年），五十三岁的元稹在武昌暴病而亡。白居易闻讯后痛不欲生，强忍悲痛为好友撰写了墓志铭。

元稹的早亡更加刺激了白居易。他在娱乐至死的不归路上策马奔腾，拿着工资，享受着福利，成天参禅悟道，炼丹嗑药，呼朋唤

---

① 见《与元九书》。
② 见《酬别致用》。

友，吟诗喝酒，用醉生梦死来麻痹自己。

酒喝多了，导致他经常头也痛，牙也疼，在床上一躺好几天缓不过来。但当妻子端着药让他喝时，白居易说的第一句话却是："药太苦了，要不拿酒往下送一送？"

简单概括一句话：只要喝不死，那就往死里喝。

但外在的欢愉并不能消解内心的寂寞。

晚年的白居易既纵情声色，又潜心向佛。这看起来似乎很矛盾，其实白居易一直以来都有这种想法，他曾在《夜雨》这首诗里写过：

> 我有所念人，隔在远远乡。
>
> 我有所感事，结在深深肠。
>
> 乡远去不得，无日不瞻望。
>
> 肠深解不得，无夕不思量。
>
> 况此残灯夜，独宿在空堂。
>
> 秋天殊未晓，风雨正苍苍。
>
> 不学头陀法，前心安可忘。

相思成疾，愁肠百结，不学佛法，怎能忘情？可学了佛，就一定能忘得了吗？

白居易表示，也不一定。

他觉得自己已经"别来老大苦修道，炼得离心成死灰"了，但清晨醒来他还是要问一问那个曾经的她："平生忆念消磨尽，昨夜因何入梦来？"

我都已心如死灰，你为何还要闯进我的梦里来？

算了，不值得。

除了你，什么都不值得。

刘禹锡

别低头，皇冠会掉

人间惊鸿客

　　"山不在高，有仙则名。水不在深，有龙则灵。斯是陋室，惟吾德馨……"

　　只要是接受过九年义务教育的小伙伴，肯定都背过刘禹锡的这篇《陋室铭》。据说这是一篇"被挤对出来的千古名作"。因为刘禹锡当时被贬为和州①刺史，当地知县就故意刁难他，给刘禹锡连换了三个宿舍，一个比一个条件差。所以，刘禹锡才愤然提笔写下了这篇流传至今的吐槽文。

　　你可能听自己的语文老师讲过这个故事，但历史老师也许告诉过你，这个段子是假的，甚至连《陋室铭》的作者到底是不是刘禹锡都不好说。

　　因为现存所有版本的刘禹锡文集里都没有收录这篇短文，而《陋

---

　　① 今安徽省和县。

室铭》最早的作者是唐玄宗时代的大臣崔沔（miǎn），至于内容是不是跟我们后来看的《陋室铭》一样就不知道了①。

刘禹锡写《陋室铭》的说法是在北宋流行起来的。直到南宋有一本叫《古文集成》的书第一次把刘禹锡的名字正式放在了《陋室铭》的作者栏上。

到了清代，著名的《古文观止》里也记录了这篇短文，署名刘禹锡。因为《古文观止》是当时官方正式出版的教科书，所以《陋室铭》的版权归属这才算正式确认下来。

当然，这也只代表主流观点，并不是说绝对准确。

哎呀，是不是感觉自己学了个假的语文？

其实，把刘禹锡认作《陋室铭》作者也是非常正常的事，因为这篇吐槽文中表现出来的那股死不低头的倔强劲儿，实在是太像刘禹锡的风格了。

刘禹锡自称中山靖王刘胜之后。如果你觉得这个套路很熟悉，就对了，当年的刘备刘皇叔也是这么玩的。倒不是说刘禹锡爱慕虚荣，只是唐代很看重门第出身，给自己搞个高档汉姓祖先也是再正常不过的事情。当然，另有一种说法认为刘禹锡祖上其实是匈奴人②。

---

① 《新唐书·崔沔传》："（沔）俭约自持，禄廪随散宗族，不治居宅，尝作《陋室铭》以见志。"

② 见卞孝萱，《关于刘禹锡的氏族籍贯问题》。

不过千万可别以为刘禹锡是个只会冒名顶替的"绣花枕头"，人家可是个名副其实的"考神"。

唐代的科举考试是很难的，尤其是考进士。俗话说，"三十老明经，五十少进士"，大诗人白居易二十九岁考中进士，兴高采烈地发一朋友圈——"慈恩塔下题名处，十七人中最少年。你看我厉害吧！"

刘禹锡则表示：小老弟你这也不行啊！

因为他是二十二岁登进士科和博学宏词科，二十四岁又考上吏部取士科。相当于三年时间考三回，本科、硕士和博士的录取考试全都一次性通过了，白居易在他面前确实算学渣。

后来刘禹锡参与了由王叔文、王伾领导的永贞革新。刘禹锡在改革中很激进，下狠手整了不少人，也得罪了不少人[1]。可惜改革失败，王叔文、王伾死于非命，刘禹锡和柳宗元等八人也一起被贬为偏远州县的司马，史称"二王八司马"事件。

同样是被贬，柳宗元到永州写出了那首集"千""万""孤""独"于一身的《江雪》，就差把"我好惨"三个字刻在脑门上了。

而隔壁的刘禹锡则完全是另一种欢脱的画风。

古人历来有"悲秋"的习惯，提起秋天都是各种愁啊，各种忧啊，各种凄凄惨惨戚戚。

---

① 见《旧唐书·刘禹锡传》。

但刘禹锡却表示，秋天才永远值得歌颂啊：

自古逢秋悲寂寥，我言秋日胜春朝。
晴空一鹤排云上，便引诗情到碧霄。

愣是把一个常用的悲情题材整出了"欢乐喜剧人"的质感。

你可能会觉得刘禹锡心真大，真乐天。但仔细想想，刘禹锡心里又怎会不苦呢。

他身负光大门楣的期望，心怀济世救民的理想，却只能带着一家老小窝在这穷乡僻壤。年迈的母亲跟着他吃苦，相濡以沫的妻子也死在了朗州，只留下没了娘的孩子嗷嗷待哺。

尽孝之困，丧妻之痛，养育之艰，仕途之难，全都压在刘禹锡这个中年男人肩上。他也苦啊，没少写诗抱怨或吐槽。

不过发完了牢骚，刘禹锡还是高高地昂起头，努力地露出八颗牙齿。好惨哦！但还是要继续微笑。

就这样熬啊熬，刘禹锡等人终于等到了重返长安的这一天。

长安城南的崇业坊内有一座玄都观。这座道观不但香火旺盛，里面还种了好多桃花。每年到花开的时候，长安城里的善男信女都会来这里祈福赏花，是当时有名的"网红打卡地"。

刘禹锡也去赏花了，还顺便写了首小诗，@了一下所有人：

紫陌红尘拂面来，无人不道看花回。

玄都观里桃千树，尽是刘郎去后栽。

这首诗叫《玄都观桃花》，也叫《元和十年自朗州至京戏赠看花诸君子》。虽然这诗名里写着"戏赠"，不过这玩笑可一点也不好笑。

因为刘禹锡全诗只说了一个意思：你们这帮后来居上的小年轻有什么了不起啊，老子当年考中进士，搞改革的时候，你们还不知道在哪儿呢！

得嘞，长安城里的人们这才意识到，那个刘禹锡又回来了。他还是当年那个刺儿头，没有一丝丝改变。

马上就有人跑到唐宪宗跟前去告状，说："刘禹锡那个家伙就是个'老阴阳人'，在那儿含沙射影讽刺人，明显是还不服气啊，还得接着收拾！"

于是刘禹锡在长安城的"凳子"上还没坐热乎，二月份回来的，三月份就又被踢出去了。而和他一起倒霉的，依然是他的好兄弟柳宗元。两家人就这么结伴上路，开始了又一轮的南下流放。

走到湖南衡阳，两人终于到了分道扬镳的时候。

分别前，柳宗元特意嘱咐了一句："梦得啊，你以后可别说话这么冲啦，到头来不还是自己遭罪嘛。"

刘禹锡表示："唉，子厚呀，你还不了解我嘛，我可不就是管不住自己这张嘴嘛。"

柳宗元苦笑着摇头说："我也没想劝你，只不过咱俩都认识几十年了，刚见面就又要分开。好好保重啊！我还想着退休以后和你做邻居呢。"

刘禹锡也微笑着回应："欸，咱俩年轻那会儿豪情万丈，长大了却颠沛流离的。要是能一起养个花，种个菜，感受一下最美夕阳红，这辈子也算没遗憾了啊！"

柳宗元问："何时才能等到你回来呢？"

刘禹锡肯定地说："很快就会再见的，到时候咱俩一起跳出这糟糕的世道。等着我哦！"

柳宗元笑着答应了，可他最后却食言了。

元和十四年（819年），刘禹锡的母亲去世，他护送母亲的棺木回洛阳安葬。走到衡阳的时候，他接到了柳宗元从柳州寄来的书信。

可惜，这封信带来的不是朋友的安慰，而是柳宗元的死讯。他病死在柳州任上，年仅四十七岁。

丧母之悲尚未平复，最好的朋友也撒手人寰，刘禹锡终于体会到什么叫中年人的崩溃了。上次到衡阳，他还和柳宗元约好要一起退休，这次再到衡阳，得到的却是好友离世的消息。他再也控制不住，"惊号大哭，如得狂病……涕洟迸落，魂魄震越"。

斯人已去，生者还得艰难求活。刘禹锡只好擦干眼泪，重新上路。

在之后的时间里，刘禹锡的官职变来变去，也交了不少新朋友。

唐敬宗宝历二年（826年），刘禹锡被调回洛阳，在扬州遇到了同样回洛阳的白居易。两位大诗人把酒言欢，小老弟白居易就给老大哥刘禹锡写了一首《醉赠刘二十八使君》，诗的最后白居易评价刘禹锡这辈子：

> 亦知合被才名折，二十三年折太多。

刘哥，你遭遇挫折二十三年，这时间实属是有点久啊！

白居易说得如此情真意切，这要是换一般人肯定得唉声叹气地说："还是老弟了解我啊！"甚至恨不得扑在别人怀里哭一番才过瘾。

但刘禹锡才不会向过往的苦难低头。他哈哈一笑，当场回了白居易一首《酬乐天扬州初逢席上见赠》：

> 巴山楚水凄凉地，二十三年弃置身。
>
> 怀旧空吟闻笛赋，到乡翻似烂柯人。
>
> 沉舟侧畔千帆过，病树前头万木春。
>
> 今日听君歌一曲，暂凭杯酒长精神。

我的确是流浪过很多的地方，虚度了二十三年的时光。

回忆已变了滋味，故乡也换了模样。

不过沉船旁边还有千舟驶过，病树前头已是万木争春。今天能听你为我吟唱一曲，那还有啥好说的，都在酒里了！

就像鸡汤文里说的那样，凡是打不倒我的，必将使我更加强大！

对于刘禹锡来说，哪里跌倒，就必须在哪里站起来。所以十四年后他又一次来到了玄都观。曾经香火鼎盛的道观已经破败不堪，院中的桃林也早就消失不见，只剩下一块种满蔬菜的开心农场。

玄都观已经没了当初桃花朵朵开的风景，可刘禹锡还是要写诗，这就是《再游玄都观》：

> 百亩庭中半是苔，桃花净尽菜花开。
>
> 种桃道士归何处，前度刘郎今又来。

是的，欸，又是我！老刘又回来啦！桃花呢？种桃道士呢？那些说我阴阳怪气的人呢？你们钩心斗角，算计来算计去又怎样？我今天又来游玄都观了，我又写诗了。有能耐你再把我贬出去啊，到时候我就写个《三游玄都观》，咋的吧[1]！

暴躁老刘头再一次向全世界发起了挑战，让所有人不禁扶额感慨：这个刘禹锡，也太轴了吧！

---

[1] 见《再游玄都观绝句序》。

按理说，他这次调回长安本来是要升官的，可大伙一看刘禹锡这副战斗欲爆棚的样子，就知道他还是那个臭脾气。升官还是算了，您老就哪儿凉快哪儿待着吧。

这之后刘禹锡又换了好几个工作，最终在洛阳定居下来，和白居易成了邻居，过起了他曾和柳宗元约好的退休生活。

欸，子厚，你要还在……该多好啊！

唐武宗会昌二年（842年），刘禹锡病逝于洛阳，享年七十一岁。他在去世前写了一本自传回忆录，里面并没有过多提到自己这辈子的辛苦和不易，反而大篇幅地为当年的永贞革新打抱不平。

是的，直到生命的最后，他还是没有低头。永贞革新一共才一百多天，在人的整个生命里实在太短暂，可刘禹锡却用了一生的时间来为之辩护，始终不服。

可以，这很刘禹锡。

温庭筠

从天才学霸到天才枪手

人间惊鸿客

唐宣宗大中九年（855 年）三月，万众瞩目的进士科全国统一考试又一次拉开了大幕。

都说考场如战场，可今天的高考顶多算常规战争，唐代的进士科考试则完全是核战争级别的。因为录取率实在是低到令人发指，能挺到最后的人真是没几个。

开考前，一个五十多岁的考生一出场就引起骚动。因为这位考生实在是太有名，有名到都上了考务人员手里的黑名单。

他就是年年考试年年落榜，屡战屡败又屡败屡战的著名科举钉子户——温庭筠。

唐代的科举考试不限制考生年龄和报考次数，一把年纪还在考的大有人在。

但这个温庭筠不一样，非常不一样。

不久前，大唐爆出了一起轰动全国的"高考作文泄题案"，直接导致已经录取的十个考生成绩作废，朝廷紧急处理了一大批失职人员 ①。而那次考试中的满分作文据说就是温庭筠代写的。只不过后来因为证据不足，温庭筠才没被追究责任。

没错，这位温大神就热衷于在考场上帮别人作弊，给同场考生传个小纸条，当个枪手之类的，这种行为严重扰乱了考场纪律，让监考老师头疼不已。

现在温大神又来考试了，监考老师们全都如临大敌，生怕温庭筠又在考场上搞出什么幺蛾子。

不过此次考试的主考官礼部侍郎沈询却不害怕。他当场给温庭筠调了一下座位，就让温庭筠坐到他眼前，严防温庭筠再次当枪手！

这个待遇相信大家都不陌生，上学时，有的班级的讲台旁边会有一个 VIP 专座，能近距离全天候无死角地感受来自各科老师的亲切关怀。

温庭筠现在享受的就是这个待遇，他只要一抬头就能感受到沈老师那直勾勾的眼神。这让温庭筠感到很不舒服，他随便在考卷上写了千把字，然后站起身来提前交卷，头也不回地离开了考场。

哼，不开心，老子不考了！

沈老师眨了眨盯到酸胀的双眼，露出了欣慰的笑容。果然我才

---

① 见《旧唐书·宣宗本纪》。

是代表正义的一方，嘿嘿嘿……

但几天后他就笑不出来了，因为他刷到了温庭筠发的一个朋友圈：

欸，对不住了各位，监考实在太严了。这次只帮到了八个兄弟，剩下的哥们儿我真是爱莫能助啦！

沈询：？！

是的，就在沈老师目不转睛地严密监控下，温庭筠还成功帮助八个人作了弊。别问他是怎么做到的，反正就是做到了[①]。

可温庭筠为什么要这么做呢？

事出反常必有妖，这个事还得从头说起。

温庭筠，字飞卿，晚唐著名的诗人、词人，花间词派的开山祖师。

"花间词派"最擅长描写的是女子的闺怨与多情。比如那首被热播剧《甄嬛传》当作片尾曲的《菩萨蛮》：

> 小山重叠金明灭，鬓云欲度香腮雪。
>
> 懒起画蛾眉，弄妆梳洗迟。
>
> 照花前后镜，花面交相映。
>
> 新帖绣罗襦，双双金鹧鸪。

---

① 见《新唐书·温庭筠传》。

短短数十字，就把一个睡眼蒙眬懒梳妆的女子描绘得活灵活现，可见温庭筠的文字功力细腻到何种程度。再加上他的名字和头衔都充满了文艺气息，这完全就是言情小说里男主角的标准配置啊。

不过恐怕要让大家失望了，温庭筠的长相跟言情男主大概有着十万八千里的距离吧，因为他有个非常劲爆的外号——"温钟馗"。

钟馗是古代用来驱邪镇鬼的神，那长相鬼看了都哆嗦，一个人要是长成这样得多惨不忍睹。据《北梦琐言》记载，温庭筠的孙子有一次找工作通过了初试，却在面试环节被刷下来了，理由就是长得太像他爷爷，大大拉低了团队的平均颜值。

正史中对于温庭筠的具体长相并没有正面描写，《旧唐书》说他"不修边幅"，《新唐书》说他"无检幅"，应该就是一个长相粗犷还不怎么捯饬自己的糙汉子。

是的，那个写出"玲珑骰子安红豆，入骨相思知不知""斜晖脉脉水悠悠，肠断白蘋洲"这样爱情名句的柔情诗人，很可能是一个满脸胡楂的邋遢大叔。

当然了，古代又没有照相技术，温庭筠到底长得有多奔放咱也不敢说。但他在诗词上的造诣却是有目共睹，属于绝对的大神级段位。

温庭筠写起诗词来速度极快，他还有个外号叫"温八叉"。这个"叉"是两手交叉握在一起的意思。唐代科举考试中有一个环节是命题作文，主考官当场给考生发八个韵脚，要求考生在规定时间内写出八首诗来。

有的考生绞尽脑汁，半天都写不出一首。而温庭筠就双手那么一握的工夫，一首诗就写完了。两手交叉八次，八首诗也就搞定了，而且写得又快又好，这简直就是专为应试而生的考场大神啊！

温庭筠一开始拿的剧本的确是这样的。

唐文宗开成四年（839年）秋，温庭筠获得京兆府试第二名的好成绩，大概相当于今天北京市中考的第二名。在正常情况下，初赛排名如此靠前的种子选手很容易就能通过复赛，只要温庭筠不发生什么特殊情况，他拿个进士头衔就是板上钉钉的事。

但俗话说得好，不怕一万，就怕万一。

在临近考试前，温庭筠因病不得不放弃复赛的机会。这之后他就满世界乱窜，直到四十八岁的时候才又想起参加科举考试这件事，只不过这次连初赛都没过就被淘汰了。之后温庭筠在五十岁、五十三岁和五十五岁的时候又参加了三次科举考试，每一次都是名落孙山。后来，他的心态有点崩了，开始在考场里帮别人作弊，一副破罐子破摔要报复社会的样子，这才有了开头的那一幕。

这么看来，温庭筠完全是自作自受，把一手好牌都打烂了。

这结论还真不能下得太早，温庭筠的遭遇虽然责任在他自己，但却不全是因为自作自受，更重要的是他惹了不好惹的人。

首先，温庭筠得罪了宦官这个群体。在中国古代的所有朝代中，唐代的宦官是当之无愧的终极大魔王，把持朝政、血洗朝堂、废立皇帝……对他们来说都是家常便饭。

而温庭筠年轻的时候是个很有正义感的有志青年。他早年游学的时候去过风景秀丽的江南水乡，也到过金戈铁马的塞外和蜀地。没错，这个时候的大唐已经不是"九天阊阖开宫殿，万国衣冠拜冕旒"的盛世光景，就连一向以安逸著称的蜀地都成了战火纷飞的前线。温庭筠选择这样的地方作为自己游学的目的地，很明显是有着济世救民的迫切心情。

从政治立场上来说，温庭筠对那些操纵朝政的宦官肯定是深恶痛绝，所以他和那些反对宦官的官员走得很近。

太和九年（835 年），唐文宗联合朝臣想要收拾宦官，结果众多朝廷重要官员惨遭杀害，这之后宦官集团疯狂报复朝堂上的反对者，史称"甘露之变"。只不过当时的温庭筠实在是级别太低，存在感太薄弱，所以才逃过一劫。

后来他因为才学出众，成为唐文宗的儿子的老师，终于有了出头的希望。但很遗憾，这个太子还没转正就被宦官势力给弄死了。而作为"前太子的老师"，温庭筠肯定也跑不了。

而此时正是温庭筠考取京兆府试第二名的时候。按理说，他是完全可以通过复试的，但那帮宦官也不是那讲理的人啊。

所以温庭筠没有参加复试根本就不是因为生病，更不是民间野史里说的什么逛青楼喝大了爬不起来。因为他知道，就算他硬着头皮去参加复试也会被刷下来，自取其辱不说，恐怕还会被当场拿下。所以他唯一的选择只能是弃考。

温庭筠相信凭自己的才学，错过了这次还有下一次，只不过他可能没想到这个"下一次"竟然是在八年之后。

赏识温庭筠的唐文宗死后，接班的是他的弟弟唐武宗。这位皇帝打击宦官，重用李德裕这样的名臣，倒是做了不少露脸的事。

而温庭筠恰好和李德裕关系不错，按理说很快就可以重返考场了。

可惜还是不行，因为温庭筠得罪了大 BOSS 唐武宗。当然这并不是温庭筠故意的。唐武宗这个皇位是从哥哥唐文宗手里捡漏得来的，所以他比较没安全感，对于哥哥的儿子们那肯定是要斩草除根的，而温庭筠这个"前太子老师"自然也被唐武宗拉入了黑名单。只要唐武宗在位一天，温庭筠就没有考中的希望，所以温庭筠干脆连报名这一步都省了，就在各地瞎溜达，和广大"失足妇女"打成一片。

好在唐武宗也是个短命鬼，三十三岁就嗑药死了。接他班的唐宣宗从辈分上来说是武宗的叔叔，却常年遭受这个皇帝侄子的霸凌。所以，唐宣宗一上台就推翻了唐武宗几乎所有的政策，温庭筠这才迎来了复出的机会，参加了唐宣宗大中元年（847年）的进士科考试。

温庭筠本来对自己的成绩非常有自信，但晚唐的政坛已经是乌烟瘴气，各路门阀世家一顿走后门找关系，早就把那点可怜的进士名额给瓜分完了，像温庭筠这样出身不高的过气才子根本就没有出头的机会，更何况他还得罪了第三拨人，那就是士人。

第二次科举失败后，温庭筠就留在长安搞社交，经常出入宰相令狐绚的家。当时的皇帝唐宣宗很喜欢《菩萨蛮》的曲子，令狐绚就找温庭筠当枪手作了二十首《菩萨蛮》献给皇帝，并且千叮咛万嘱咐温庭筠可别说漏了嘴。

温庭筠可不只是说漏嘴，他就差开个新闻发布会了，没几天就把自己替宰相写曲子的事宣扬得满城皆知，搞得令狐绚很下不来台①。

不止如此，温庭筠还动不动就讽刺令狐绚是粗人当宰相，没事就应该多读书，反正这话里话外就一个意思：写诗填词这种事，还是交给我这样的人来做吧。

令狐绚是宰相，但他肚子里却不能撑船。

所以，当唐宣宗听闻了温庭筠的文采，想要破格提拔他时，令狐绚就立刻表示："温庭筠这个人啊，才华是有的，但就是人品有点堪忧啊。"

这话一说，唐宣宗自然也就断了这个念想。而温庭筠在士人口中的风评也越来越差，大家都说他是如何如何猥琐放荡，如何如何贪恋美色。

的确，温庭筠是喜欢流连秦楼楚馆，他写的词也大多和女人有关。他年轻的时候游学江淮，一个姓姚的官员给了他一大笔钱，让他拿去当学费，好好学习，天天向上。可温庭筠拿到这笔钱后却转身就冲进了女人堆里，全用来吃喝玩乐了②，气得这位姚大叔把温

---

① 见《乐府纪闻》。
② 见《玉泉子》。

庭筠给揍了一顿。

不可否认，在感情生活上，温庭筠的确有点放纵，甚至会花钱让歌姬舞女们"解籍"，也就是老百姓常说的"赎身"。他也没少往家里带这样的女人当妾，以至于他的好友段成式经常写诗取笑他[1]。

但我们还是要说，这种事在唐代并不是啥了不得的丑闻，那些有名的文人大都是这个德行。人们不是总说大唐这个开放，那个包容的，咋别人放纵就是才子风流，温庭筠放纵一下就要被各种口诛笔伐呢？

这恐怕是因为温庭筠既站错了队，又给人留下了把柄。

前面说过，温庭筠和李德裕的关系很好。晚唐政坛上除了宦官专政这个毒瘤之外，最大的"坑"就是"牛李党争"。简单来说，就是大唐的知识分子分成了两派在互相伤害。

而温庭筠复出的时候恰恰是牛党在台上，他这个同情李党的外围分子自然是不被待见，更何况他还总说话得罪人，人家肯定要整他。被人盯上的温庭筠也的确有小辫子可抓，因为他做了一件当时的人无法接受的事情，那就是娶了个妓女当妻子[2]。

在古人看来，玩归玩，闹归闹，别拿婚姻开玩笑。在当时哪怕一个男人二十四小时住在妓院里都行，你愿意花钱把你喜欢的姑娘

---

[1]　见《嘲飞卿七首》《柔卿解籍戏呈飞卿三首》。
[2]　见《病中书怀呈友人》。

全都买回家做妾也可以，谁也不能拦着你。

但玩得再好，娶回家当妻也是不行的。

古代妻子的地位是有法律保障的。如果一个丈夫强行把妻子当成妾，把妾当成妻，就要被判流放两年①。所以在大唐是不存在什么"小三上位"或"情妇转正"的桥段。

如果真有，保证分分钟让你感受到法律的铁拳。

而乐师、歌女、舞女等古代的娱乐从业人员在当时属于"贱籍"，是从户口本上就低人一等的存在。因此，她们只能和同属"贱籍"的人结婚，这个叫"当色为婚"。

这里的"色"指的是阶层，说白了就是，不是一类人，就不能成一家人。而温庭筠娶妓为妻的行为显然突破了当时的人们所能接受的底线。

这就好比吃遍全球顶级餐厅的高端人士叫美食家，但你要是亲自扎着围裙去后厨炒菜，那不好意思，你已经跌份儿了，俺们以后就不带你一起玩耍了。

这就是温庭筠名声不好的原因，他已经被主流士人圈子除名了，还得罪了那么多人，谁敢录取他啊。而唐代科举考试的卷子又是实名制的，这张卷子是谁的，批卷老师都能看得见，温庭筠这样被列在黑名单里的人自然是考不上的。

————————

① 见《唐律疏议》。

温庭筠也知道自己再怎么努力也白费，所以，他后来干脆就抱着搅局的心态来考试，要不他干啥那么热心肠地帮别人作弊啊，这不就是为了出一口气嘛！

反正也没希望了，那就更加努力地享受人生吧。晚年的温庭筠那真是怎么嗨怎么玩，要不也写不出那么多让人脸红心跳的名句。

但温庭筠自己也没想到，人生居然还能有翻盘的机会。牛党下台后，他这个一辈子和考试过不去的人竟然成了科举考试的主考官，这可真是风水轮流转啊！

更神奇的是，一向被人骂品行不好，被人指责靠当枪手赚黑心钱的温庭筠，却在他主持的这次科举考试中顶住了来自各方的请托和压力，录取了一批出身平凡却有真才实学的人，还把这些人写的犀利文字公开张贴出来，狠狠地打了所有人一记响亮的耳光。

温庭筠觉得很爽，当然爽也是要付出代价的。他这么搞让无数人既丢了里子又没了面子，所以很快他就被贬出了长安。

这之后的温庭筠，再也没出现在任何的书面记载里，如同一朵小浪花消失于历史的长河之中。

如果温庭筠还能给这世界留下最后一句话，他兴许会说：

"虽然我喝酒，撩妹，开黄腔，但我是个好男人。"

罗隐

晚唐反卷第一人

人间惊鸿客

　　一提起蜜蜂，很多人都会想到"勤劳"这个词。毕竟连小朋友们唱的儿歌都是"要学喜鹊造新房，要学蜜蜂采蜜糖，劳动的快乐说不尽，劳动的创造最光荣"。

　　但并不是所有人都这么认为。晚唐诗人罗隐就写过这么一首画风另类的《蜂》：

　　　　不论平地与山尖，无限风光尽被占。

　　　　采得百花成蜜后，为谁辛苦为谁甜？

　　别卷了，诸位！你们辛苦创造的成果，大都被老板偷走啦！还有精神头儿在这儿自我感动呢？

　　谁说内卷只是现代年轻人心中的痛，古人的内卷那才叫惨烈呢！

比如在唐代，要想出人头地只有一条路：当官，当大官，当最大的官。但问题是有这样想法的人太多了。而想当官又没那么容易，得拼智商、拼爹和拼命，也就是靠登科、门荫和军功。

对于大多数出身一般、武力值也不够的文人来说，科举考试才是他们唯一的机会。我们今天总说高考是千军万马挤独木桥，可再怎么说也有一半以上的录取率。而唐代每科录取的名额才几十个，报名的人却海了去了。这都不是过独木桥了，这简直就是过头发丝儿啊！还有比这更惨烈的内卷吗？

《唐摭言》中记载过一个故事，说有一天唐太宗去视察御史府，看到许多新录取的进士成群结队地走出来，便得意地说了一句："天下英雄，入吾彀（gòu）中矣！"

意思就是：这天下的有为青年啊，都被我收罗咯。

他说得没错。在"学成文武艺，货与帝王家"这样的价值观轰炸下，当时的人为了考中进士，那真是卷到无所不用其极。

青年才俊已经不够瞧了，得一断奶就能吟诗作赋的"神童"才行，不信你看"初唐四杰"，写诗一个比一个早；小有名气也不行，得天下知名才行，比如"千金买琴"的陈子昂，那是没有热搜创造机会也要上热搜；光知道努力还不行，还得经受得起挫折打击，耐得住贫穷寂寞，比如考了几十年都考不上还无怨无悔不忘初心的孟郊……

所有人都在同一块场地里卷得忘乎所以，卷得倾尽全力，卷得甘之如饴。

可罗隐却清楚地告诉大家，这种内卷并没有什么意义，他写过一首《黄河》：

> 莫把阿胶向此倾，此中天意固难明。
>
> 解通银汉应须曲，才出昆仑便不清。
>
> 高祖誓功衣带小，仙人占斗客槎轻。
>
> 三千年后知谁在？何必劳君报太平！

意思是这官场就像黄河一样浑浊，根本没法澄清，想往上爬就得学会"曲意逢迎"。可就算卷赢了又怎么样呢？当年汉高祖发誓说："就算黄河窄成裤腰带，泰山平如磨刀石，你们这些开国功臣的荣华富贵都不会改变。"然后转身就开始狡兔死走狗烹了。

你们这些黑心老板啊，少给我画饼，什么长期收益，什么远景规划，到时候咱俩坟头枇杷树都亭亭如盖了，我怎么会由着你在这给我打鸡血？

作为一个唐代人能有这种观察世界的角度，罗隐可以说是人间清醒了。只不过这份清醒也不是天生的，因为他也是这么一路被卷过来的。

罗隐从小就才思敏捷，被周围人寄予厚望。唐宣宗大中十三年（859年），罗隐来到长安应考，正式成了万千内卷大军中的一员。

可惜他来的时机并不算太好，因为晚唐科举考试的内卷程度又提高了一个量级。

此时官员和世家子弟参加科举的限制已经被取消，他们欺上瞒下，相互勾结，大搞"萝卜招聘"，把那可怜的几十个录取名额都瓜分殆尽，留给罗隐这样普通人家子弟的机会就更少了。所以，罗隐从二十七岁第一次参加科举，一直考到五十五岁，考了十多次都没考上，史称"十上不第"。

罗隐其实已经在这场内卷之战中倾尽了全力。他玩命地写诗，写散文，写寓言，各种大声疾呼，各种针砭时弊。然后他拿着这些文章到处跑关系，希望能获得赏识，但就是考不上。

原因无他，卷的呗。

在唐代想当官要满足四个基本标准——"身言书判"，就是长得要好看，说话要好听，书法有造诣，文章有水平。

罗隐很内秀。他的字在当时很值钱[1]，在后世也广受好评[2]。他的诗既有杜甫的现实主义精神，又有白居易的通俗朴素风格；他的散文和寓言立意高远，脑洞清奇，讽刺深刻。

问题是罗隐的"书""判"成绩虽然优异，但他的"身""言"太不给力了。

唐僖宗时期的宰相郑畋（tián）有个女儿，喜欢读罗隐的诗喜

---

[1] 见《唐才子传》。
[2] 见《宣和书谱》。

欢到非他不嫁的地步。于是郑畋就把罗隐叫到家里，让女儿躲在屏风后面偷着看一眼，也算变相地相个亲。

今天的我们经常看到这样的警示语：网恋有风险，奔现需谨慎。可惜一千多年前的郑姑娘没听过这句忠告，不然她一定不会见这个面。

因为罗隐长得实在是——太丑啦！丑得无以言表，丑到惊天动地。

郑姑娘本以为自己能一眼千年，没承想却被闪瞎了眼。少女心稀碎的郑姑娘瞬间就抑郁了，恨不得青灯古佛了此残生，跳出三界外不在红尘中。从此之后她再也不读罗隐的诗了①，连多年的文青病都被治好了。

史书中记载罗隐的长相用了一个很罕见的词——"貌古而陋"，翻译过来就是长得着急又随意，面相苍老又潦草，仿佛是女娲造人时随手乱画的草稿。

而且罗隐除了丑之外，说话口音也超级重，嗓音还不好听②。再加上他性格有点偏激，经常操着一口"塑料普通话"讽刺这个，挖苦那个的，所以周围的人都不喜欢他。

相貌和沟通问题不只影响罗隐的女人缘，更导致了他在内卷之战中处于绝对的劣势。

---

① 见《旧五代史·梁书·罗隐传》。
② 见《太平广记》。

因为长得又好看又有才的人也很卷啊。

罗隐有个同乡叫顾云，长得亮眼，说话好听，人还会来事儿，他就把罗隐衬托得一无是处。经常是两人一起出去跑关系，刷存在感，顾云总能获得青睐，而罗隐则只能哪儿来回哪儿去。

人类从来都是看脸的物种，更何况人家长得好看嘴还甜。内秀的罗隐就像一本封面粗糙的鸿篇巨制，虽然内容无比精彩，奈何外包装实在太拉胯，一下子就吓退了绝大部分人，不管他怎么努力都无法获得相应的回报。

可能是因为物极必反，遭受了暴击的罗隐开始思考一个问题：如果整个世界都是不公平的，个人的努力还有意义吗？

这个念头一旦萌发就压不下去了。罗隐逐渐打开了新思路，获得了新角度，所以他才有了那些"反卷"的言论。

而且罗隐还注意到了一个更加内卷的群体，那就是古代的女人。

皇帝的三宫六院里有宫斗，大户人家的三妻四妾间有宅斗，这都是今天影视剧中的热门题材。从本质上来说这是一种更惨烈的内卷，一堆女人为了争夺一个男人的宠爱而钩心斗角，争风吃醋。

你美艳无双，我就温柔贤良；你上得厅堂，我就下得厨房，女人之间的"军备竞赛"一点也不比男人考进士轻松。而且就算女人德才兼备，色艺双全，完美得不行，还有一顶"红颜祸水"的大帽子等着女人去戴。

在古代男权社会下，"男尊女卑"和"红颜祸水"才是最大的

政治正确。所以不管是官方史书还是民间故事里，女人要么是男人
成功的附属品，要么是男人倒霉的扫把星。当然，这也不是古代中
国独有的毛病，不信你去看看古希腊那个引发特洛伊战争的海伦和
欧洲中世纪被烧死的那些所谓女巫就知道了。

可惜当时的女子却还以为这都是天经地义的真理，卷得如此惨
烈还不自知。

罗隐这辈子都没啥女人缘，但他却依然要替女生说句公道话。
罗隐写过一首咏史诗《西施》，为传说中灭亡了吴国的西施公开
辩护：

家国兴亡自有时，吴人何苦怨西施。

西施若解倾吴国，越国亡来又是谁？

国家的兴盛或衰亡是个很复杂的问题，哪能全赖到一个女人头
上。假如吴国是因为西施这个女人灭亡的，那越国也没有祸国的女
人啊，又是怎么完蛋的？

罗隐一针见血地指出，所谓的"男尊女卑"和"红颜祸水"在
逻辑上就是冲突的。

如果"男尊女卑"是真理，那男人就是成功或失败的第一责任
人；而"红颜祸水"又把女人说成了灾难的源头或不幸的祸首。按
照这个逻辑，男人的成功是因为自己，失败却总是因为女人。我成

功，没你事，我犯错，你背锅，在真理的评价标准上反复横跳，这完全就是不给人留活路啊！

罗隐一生写了大量的咏史诗，占到其全部诗作的七分之一之多，其中很多作品都体现了他对"祸水论"的批判。

比如，唐代人特别爱写唐玄宗和杨贵妃的事，毕竟"安史之乱"是所有唐人心中永远的痛。杜牧、李商隐和罗隐都写过以《华清宫》为题的咏史诗，但三个人却完全是三种画风。

杜牧写"一骑红尘妃子笑，无人知是荔枝来"——咳咳，那个事到底是错还是对呢，大伙都心里有数，懂的都懂哈！

李商隐写"未免被他褒女笑，只教天子暂蒙尘"——哎呀，杨贵妃的罪过说到底也比不上"烽火戏诸侯"里的褒姒啊，毕竟只是让天子暂时倒了霉，在红颜祸水圈里排不上号啊！

轮到罗隐，他的画风却是这样的："也知道德胜尧舜，争奈杨妃解笑何"——皇帝平时把道德啊，尧舜啊说得比天都大，但为了泡妞撩妹不还是啥也顾不得了！

不同于暗戳戳的杜牧和假惺惺的李商隐，罗隐旗帜鲜明地指出唐玄宗才是大唐由盛转衰的真正责任人，什么"红颜祸水"，不过就是拉女人来背锅而已。

中和元年（881年），黄巢起义军攻入长安，唐僖宗慌忙逃往四川——"安史之乱"后，四川已经成了李唐皇室的指定避难所，一旦在长安待不住了就往那儿跑。

于是罗隐又写了一首嘲讽度拉满的《帝幸蜀》：

马嵬山色翠依依，又见銮舆幸蜀归。

泉下阿蛮应有语，这回休更怨杨妃。

想要入蜀就要经过马嵬坡，这里的青山翠柏又一次见证了皇帝跑路。不过，如果唐玄宗泉下有知，应该会说："这回你们被人撵出了长安，总怪不到我家杨贵妃头上了吧？"

是啊，有没有漂亮妹子你们都搞砸了，那这事和妹子就没一毛钱关系啊！

这就叫事实胜于雄辩，仿佛连老天爷都赞同罗隐的观点，不惜亲自下场来当证人了。可惜这不是打辩论赛，罗隐说得越正确反而越倒霉。

唐僖宗平定黄巢之乱后，本想提拔罗隐，结果被手下人搅黄了，因为他们都知道罗隐不好惹，把他这样的人弄进来完全是给自己找不痛快①。后来唐昭宗也想给罗隐特批一个进士名额，又有人跳出来说："罗隐人品不怎么样，不信皇上您看看他写的那个《华清宫》就知道啦！"唐昭宗一看这诗的内容，也就再也不提这茬了②。

① 见《北梦琐言》。
② 见《唐诗纪事》。

176

更让人哭笑不得的是，唐昭宗没提拔罗隐，后来却给一个耍猴人特批了一个公务员编制，人称"孙（狲）供奉①"。

知道这个事的罗隐直接被气出了表情包，百感交集的他提笔写了一首《感弄猴人赐朱绂》：

> 十二三年就试期，五湖烟月奈相违。
>
> 何如买取胡孙弄，一笑君王便著绯。

朱绂是古代礼服上的红色蔽膝②，后常用来指代朝廷的高级干部。罗隐那意思就是自己这么多书都白读了，连个耍猴的都比不上，甚至可能连那个猴都比不上！

事已至此还卷啥啊？

晚年的罗隐放弃了科举这条路，回到了浙江老家，投奔了当地的话事人——后来的吴越国王钱镠。在钱镠手下罗隐总算是过上了点好日子。他回顾自己之前的人生，悟出了一个道理——"时来天地皆同力，运去英雄不自由③"。

少在那打击我这也不行，那也不行的。一个人的命运必然要和

---

① 见《幕府燕闲录》。
② 古代下体之衣中用来遮盖大腿至膝部的一种服饰。
③ 见《筹笔驿》。

历史大势紧密相连，生逢乱世的自己再如何挣扎，也无法对抗滚滚向前的历史车轮。

是的，有问题的是这个世界，不是我。

五十五岁之后的罗隐人如其名，隐居于乱世中的安静角落。他不再喷这个，骂那个，反而过起了"今朝有酒今朝醉，明日愁来明日愁①"的悠闲生活。很多人都误以为如此潇洒的诗句是"诗仙"李白写的，其实这是罗隐对自己晚年生活的描写。

作为反卷斗士，罗隐的应对方式并不是真的啥也不干，彻底躺平。

公元907年，朱温代唐称帝，建立"后梁"政权，正式开启了五代的历史。

在大唐衰落的过程中，大量被内卷所伤害的寒门士子选择了投靠地方军阀，为这些篡权者出谋划策，摇旗呐喊——就比如前面提到过的罗隐的那位老乡顾云。甚至还有人为了发泄自己因为内卷过度而积攒的怨气，对朝廷中的世家大族展开疯狂的屠杀②。

按理说，"十上不第"的罗隐才是更有理由报复社会的那个人，可他却并没有这么做。朱温篡唐后，第一时间给罗隐送上了一份工作邀请。可罗隐却找到老板钱镠，劝说他出兵讨伐朱温，复兴大唐。这真是大唐虐我千百遍，我待大唐如初恋啊！

---

① 见《自遣》。
② 见《五代诗话》。

这一下子还给钱镠整不会了。

他满以为罗隐这么个处处和主流群体对着干的反卷达人，对于给他带来无数挫折苦难的大唐应该是满怀恨意才对，没想到这位罗大爷既有自己的反对，也有内心的坚持。他的反对并不是单纯地泄愤和报复，而是真心实意地为弱者发声，为真理呐喊。他的针砭时弊、借古喻今和辛辣讽刺，都是希望让这世界变得更好而已。

钱镠虽然无法采纳罗隐的建议，但从此以后对罗隐却越发地尊崇①。

毕竟，看透了世界的真相却依然对这世界充满热爱，这样的罗隐值得被这世界温柔以待啊！

---

① 见《十国春秋》。

苏轼

并不精致的『饭圈』男孩

人间惊鸿客

在古代能称得上是"老饕"的人很多，苏轼绝对是最有影响力的那一个。看看今天满世界的"东坡肉""东坡鱼""东坡羹""东坡饼"等以他的名字命名的美食，就知道他在"吃"这件事上的造诣有多高了。

苏轼曾写过一篇《老饕赋》，在里面详细列举了几种顶级人间美味，堪称饭前开胃的最佳读物：

> 尝项上之一脔，嚼霜前之两螯。
>
> 烂樱珠之煎蜜，溷杏酪之蒸羔。
>
> 蛤半熟而含酒，蟹微生而带糟。
>
> 盖聚物之大美，以养吾之老饕。

翻译过来的意思就是：

吃肉只吃小猪脖子后面的一小块嫩肉，吃螃蟹只选霜冻前最肥美的螃蟹的两只大螯。

把樱桃放在锅里煎成甜品，用杏仁浆蒸出芳香的糕点。

蛤蜊要在半熟的时候就着酒一口吃掉，蟹也稍微生一点，最好再配点酒糟。

天下这些精美的食品，都是我这个老饕喜欢的。

文豪就是文豪。

短短几十字就让人仿佛置身于米其林星级餐厅，面前已经摆满了各种山珍海味一样。

通俗来说，就是当场让人看饿了。

这么看来苏轼应该是个"食不厌精，脍不厌细"的顶级吃货，口味刁钻、审美挑剔的高端食客，一个精致到不行的"干饭人"啊！

还真不是。

因为这首赋的最后一段是这样的：

> 响松风于蟹眼，浮雪花于兔毫。
> 先生一笑而起，渺海阔而天高。

蟹眼指的是水沸腾过程中产生的水泡，兔毫是喝茶用的茶碗。原来并没有什么顶级美食可吃，是灌了一肚子茶水的苏轼在那苦中作乐想象呢。

此时正是苏轼被贬海南，日子过得最苦的时候。他在给弟弟苏辙的诗中写到了他真正的菜谱：

土人顿顿食署芋，荐以薰鼠烧蝙蝠。

旧闻蜜唧尝呕吐，稍近虾蟆缘习俗 ①。

芋头当主食，熏老鼠、烧蝙蝠和烤青蛙当配菜。

还有一道神奇的菜品叫"蜜唧"，其实就是刚出生的小老鼠蘸着蜂蜜生吃。

你问我吃得咋样啊，我只能说，挺好的。

毕竟吐着吐着就习惯了。

呕……

精致优雅虽然是宋人的标配，而苏轼这一生却是在精致中带着些许可爱的粗糙。

他参加科举考试的时候写议论文 ②，为了证明自己的观点引用了一个史料。当时的主考官欧阳修等人翻遍了典籍也没找到这个材料的出处，把一代宗师欧阳修都给整迷惑了，于是在考试后特意跟苏轼求证。

欧阳修：苏同学，你考试时举的那个例子出自哪里啊？我们怎么都没见过呢？

---

① 见《闻子由瘦》。

② 见《刑赏忠厚之至论》。

苏轼：哦，来自"沃·兹基硕德"。

欧阳修：谁？我读书少，你不要骗我！

苏轼：就是"沃·兹基硕德（我自己说的）"啊！

原来写作文时瞎编名人名言这种事，一千多年前的苏轼就已经干过了。幸好他遇到的是欧阳修这样的好老师，才没影响他的考试成绩。考中了进士的苏轼已经成功打入了大宋的精英圈，想当一个精致的吃货那简直不要太简单。

人口超百万的开封是当时地球上最繁华安逸的城市。

海陆生鲜，时令果蔬，南北大菜通过繁忙的水陆交通汇聚于此。满大街的饭馆分分钟就能给你整出一桌饕餮盛宴，用的餐具不是金银就是琉璃，还可以边吃饭边听歌赏曲，哪怕你想叫外卖送家里也不是不可以 [①]。

那真是"妈妈再也不用担心我吃饭的问题，想吃什么点什么"。

山珍海味苏轼没少吃，甚至很多压根儿不在正常人类食谱上的东西，他也有尝鲜的欲望。

就比如风雨中被吹落的花瓣，要是林黛玉看了肯定就哭哭啼啼给埋了。而苏轼写过一首《雨中看牡丹三首》，其中有一句"未忍污泥沙，牛酥煎落蕊"——哎呀，牡丹的花瓣被雨打落，掉到污泥里多可惜啊！不如，嗯，我们用酥油把它炸了吃掉吧！

---

① 见《东京梦华录》。

这脑回路也是够可以的，不愧是敢在高考议论文里瞎编名人名言糊弄主考官的人。

熙宁四年（1071年），苏轼担任杭州通判，相当于杭州的副市长。他在杭州曾写过这么一首很逗趣的诗，叫《除夕，访子野食烧芋，戏作》：

> 松风溜溜作春寒，伴我饥肠响夜阑。
>
> 牛粪火中烧芋子，山人更吃懒残残。

除夕夜，守岁的诗人肚子饿得震天响，只能厚着脸皮去朋友家蹭了顿用"牛粪火"烤出来的芋头。今天谁家年夜饭桌上摆这么寒酸的菜啊，可苏轼还是吃得一脸满足，吃完就懒洋洋地往边上来了个"葛优躺"，哦不，当时应该叫"苏轼躺"才对。

这就是苏轼最真实的美食态度。饕餮盛宴、高端食材，他来者不拒；家常便饭，甚至暗黑料理，他也吃得下去。

真正的吃货往往是乐观的，这样他们才能从食物中获得满足和快乐；吃货往往也是包容的，再平凡低端的食材，他们也不嫌弃。

宰相肚里能撑船，吃货的肚子里却能装下整个宇宙。

和大多数人比起来，苏轼的确不够精致与挑剔，甚至有点粗糙。而正是这样的"粗糙"最终帮他挺过了人生的至暗时刻。

当时正是著名的"王安石变法"时期，朝堂上分为新旧两党打成一团。苏轼是偏向旧党的，自然被掌权的新党当成眼中钉。元丰二年（1079年），苏轼因"乌台诗案"被贬为黄州①团练副使。

我们今天称苏轼为"东坡居士"，简称苏东坡，听起来好像很文雅、很高级的样子。其实这个"东坡"指的就是一块朝东的菜地。当时工资福利被大幅削减的苏轼，为了填饱肚子申请了一块荒地。他那曾写下无数千古名篇的手放下了纸笔，拿起了农具，被迫开始了专业不对口的种菜生涯。

所谓的"苏东坡"，其实就是为了纪念这段土里刨食的艰难岁月。

这一时期的苏轼把大量的精力都用在研究吃上了。他发明了东坡羹——一锅纯天然、原生态、绿色健康无公害的乱炖野菜；解锁了东坡五柳鱼——据说做鱼的时候在鱼身上划几刀，让调料更入味的方法也是他开创的②。

贬谪黄州的四年，苏轼从一个爱吃的食客，变成了一个敢吃、会吃，还能自己动手做的厨神。他找到了一种在苦难中收获快乐的方法，那就是"吃"。他也找到了一种无权无势也能帮到劳苦大众的方法，那就是把自己发明的美食分享出去，让更多的穷苦人吃上便宜又好吃的食物。

苏轼在黄州写过一篇文风很"口水"，读起来也让人流口水的《猪肉颂》：

---

① 今湖北省黄冈市。
② 见《东坡文集·煮鱼法》。

净洗铛，少著水，柴头罨（yǎn）烟焰不起。

待他自熟莫催他，火候足时他自美。

黄州好猪肉，价贱如泥土。

贵者不肯吃，贫者不解煮，早晨起来打两碗，饱得自家君莫管。

这哪像诗文，完全就是现场直播的美食节目啊！

苏轼：欢迎来到今天的东坡厨房。东坡厨房，带你品尝老百姓自己的味道。

我们要做的这道菜很简单。

第一步，把锅子洗净。

第二步，加肉，少放点水。

第三步，开小火，慢慢炖。

第四步，熟啦！开吃！

第五步，打个饱嗝，呃嗝……

对于此时的苏轼来说，日子虽然很凄惨，但只要能吃到一点好吃的，就是最大的快乐；仕途虽然很黯淡，可是哪怕以一个吃货的身份帮助到别人，就是最大的成功。"吃"已经不仅仅是维持生存的必要条件，更是苏轼在艰难岁月中的精神安慰，是他在人生低谷中的理想寄托。

这个时候的苏轼已经进化为终极吃货形态——不仅有一个强健

的胃，还有一颗更坚强更包容的心。哪怕是后来他在仕途上迎来了一次回光返照，他也依然不改初心。

宋神宗去世后，朝堂上的党争出现了新变化，旧党重新掌权，苏轼被任命为杭州知州，第二次来到了这座风景如画的城市。

可是身为地方高级行政长官的他还是挺粗糙的，平时就穿着半旧不新的衣服到处溜达，走累了就跑到寺庙里午睡。而且苏轼一进屋就和今天很多人回到家一样，头巾也摘了，外衣也脱了，披头散发，光着两条大腿躺在床上，让随行的安保人员给他挠痒痒。

那画面，太美。

除了四处溜达，苏轼还会到西湖边带着老百姓一起修湖堤。到饭点的时候衙门里会专门给他送工作餐，可有时候送餐的人在路上耽误了，苏轼就抓起老百姓用过的碗筷，来一碗陈米做成的糙米饭，吃得津津有味而且毫不浪费[①]。

苏轼在杭州为老百姓做了很多好事，疏浚西湖修苏堤，赈济灾民建医院，治理水患解决居民饮水问题，等等。

但政治斗争从来都只看站队，不讲错对。几年后新党卷土重来，苏轼又被贬了，这次被贬到广东惠州去了，比黄州还偏远荒凉。

苏轼却完全没在怕的。他在惠州写下了那首著名的《惠州一绝》：

---

① 见《北窗炙輠（guǒ）录》。

罗浮山下四时春，卢橘杨梅次第新。

日啖荔枝三百颗，不辞长作岭南人。

哎呀，这地方气候这么好，水果这么多，当年杨贵妃都没实现的"荔枝自由"，我现在都有了。这么一看，当个岭南人也挺好啊。

上面的人一看苏轼竟然还敢嘴硬，简直气得不行，直接就放了大招，把苏轼贬到了海南。宋代的海南可不是今天风景宜人的度假天堂，而是有来无回的人间地狱。宋代不杀士大夫，贬到海南就相当于是判死刑了，因为去的人就没几个能活着回来的。

苏轼也知道自己这次去了再回来够呛，他是抱着赴死心态一路南下的。在路上，苏轼偶然遇见了同样被贬的弟弟苏辙。多年未见的兄弟俩就在路边买了两碗最便宜的汤面，算是吃顿团圆饭了，毕竟谁也不知道两人还有没有活着再见的机会。

也许是前途未卜影响了心情，也许是因为这面做得实在难吃，苏辙只尝了一口就放下了筷子，说啥也吃不下去了。可他一抬头，却发现哥哥苏轼已经吸溜吸溜把整碗面全吃了。

看着一脸不可思议的苏辙，苏轼一抹嘴哈哈大笑："我的傻弟弟呀，怎么着？就这面你还想细嚼慢咽品滋味啊？填饱肚子就得了呗①！"

---

① 见《老学庵笔记》。

是的，不管好吃还是难吃，都要吃下去。因为只有这样才能活着，才能继续和悲惨的命运斗争。

当然，说这话的时候，苏轼还没有亲身感受到什么叫真正的暗黑料理，到了海南之后，他才知道原来当地人的日子过得竟然那么苦。用苏轼自己的话来说，就是一场"食无肉，病无药，居无室，出无友，冬无碳，夏无寒泉"的荒野求生真人秀。

但乐观的人总能从惨境中找到快乐。

苏轼给苏辙写信，长篇大论地大谈生蚝的好吃。最妙的是信的末尾还不忘嘱咐一句：弟弟啊，这事我就告诉你一个人，你可千万别声张啊，不然北边的那些达官贵人不得争先恐后地求着被贬到海南来？到时候我可抢不过他们啊！

呵呵。

其实那些得势的大官们怎么会为了什么"美味"放弃高官厚禄，就算他们真的想吃生蚝，派人送来不就得了，还至于求着被贬到海南去？苏轼不过是在借吃生蚝来自嘲自己的境遇，顺便还幽默了一把。

是的，就连"呵呵"这个今天很多人爱用的语气梗，也是当年苏轼玩剩下的。

真正勇敢的人总会在困境中保持乐观。苏轼曾自嘲又调侃地说道：

人间惊鸿客

心似已灰之木，身如不系之舟。

问汝平生功业，黄州惠州儋州。[①]

苏轼在这三个地方的功业，其实都和"吃"有关。他在黄州给百姓分享菜谱，到了条件更恶劣的广东和海南，他还是惦记着怎么帮助当地的老百姓。

这两个地方在宋代属于落后地区，当地人不重视牛耕，种庄稼的水平也不咋样。苏轼好歹还有一段"苏东坡"的实操经历，所以他竭力推广中原先进的农耕技术，帮助当地人逐渐摆脱暗黑料理的荼毒。他同时还注意培养人才，发展教育，他还培养出了宋代海南的第一个举人。

这就是苏轼并不精致的吃货人生。

他一肚子不合时宜，却能装得下人生的诸多苦难；他天纵英才，却只能忍受命运的"起起伏伏伏伏伏"；他屡遭打击，却永远微笑面对；他常衣食无着，却还总想着怎么帮助别人。

普通人摊上苏轼这样的经历早就抑郁了，可他还是无可救药地在那傻乐呵。他是硬生生把一条悲惨的贬谪之路，走成了流传千古的美食地图，更谱成了与命运抗争到底的协奏曲。

---

① 见《自题金山画像》。

李清照

姑娘，你真是条汉子

人间惊鸿客

绍兴二年（1132年），南宋行在（临时首都）临安府受理了一桩妻子举报丈夫的案子，引发了舆论的广泛关注。

被举报人：右承务郎张汝舟。

举报人：张汝舟之妻李清照。

是的，就是那个曾经的学士之女，宰相之媳，被后世称为"千古第一才女"、婉约词派代表人物的易安居士李清照。

年近五十的知名才女怒斥渣男老公家暴，而且企图霸占自己的婚前财产，为了离婚，她不惜实名举报自己老公履历造假。只要张汝舟的罪名坐实了，李清照就可以顺利离婚。

之所以说"不惜"，是因为这么做是要付出惨痛代价的。自己的名声从此臭了不说①，宋代法律还规定妻子举报丈夫，不管罪名

---

① 《萍洲可谈》《郡斋读书志》《直斋书录解题》等书中都认为李清照"晚节"有亏。

是否存在都要判两年有期徒刑！

但李清照完全没在怕的，身败名裂也好，身陷囹圄也罢，就是要锤爆这个渣男！

这桩自爆式离婚案最终的处理结果是：张汝舟被开除公职，流放柳州；李清照获准离婚[①]，后经友人多方营救，她在监狱里蹲了九天就被释放了。李清照特意写信感谢帮助她的人，在信中还不忘诉说自己的委屈，"忍以桑榆之晚节，配兹驵侩之下才"[②]。

唉，我当初也实在过不下去了，这才被张汝舟这么个混账垃圾人坑了啊！

不过依李清照的性格来说，干出重锤渣男这件事并不奇怪。因为这位被后世语文课本归类到婉约派[③]里的女词人，其实是个比一般男人还爷们的女汉子。

李清照性格中"汉子"的一面，在她的少女时代就有所体现。

她父亲是被后世称为"苏门后四学士"之一的李格非，母亲王氏也是名门之后[④]。按照这层关系来算，李清照有个妹夫叫秦桧，今天在杭州岳飞墓前和秦桧一起跪着的那个王氏是她的表妹[⑤]。

---

① 见《建炎以来系年要录》。

② 见《云麓漫钞》录《投内翰綦公崇礼启》。

③ 婉约派的词风一直是宋词创作的主流。明代张綖在《诗馀图谱》中首次明确提出了"婉约派"和"豪放派"的区别。

④ 李清臣《王文恭公珪神道碑》中记载为宰相王珪的长女，《宋史·李格非传》则记载为御史中丞王拱辰孙女。

⑤ 见王曾瑜，《李清照生母及其与秦桧的亲戚关系考辨》。

这样的家庭出身虽然算不上多么显赫，却让儿时的李清照获得了一个可以自由成长的空间。她从小就表现出在文学上的天赋，开明的父母并没有用"女子无才便是德"之类的偏见去打压她，反而对她悉心培养。

有一次，老爸李格非回家时带回了一部作品，是当时著名文人张耒写的《读中兴颂碑》。说白了就是一篇读后感，感慨杨贵妃怎么红颜祸水，安禄山怎么扯旗造反，郭子仪如何力挽狂澜之类的。

李清照看完之后却一撇嘴，说："张叔叔这写得也不怎么样啊。光歌颂唐朝东山再起有啥意思，就没想过大唐是怎么日薄西山的吗？"

于是，十几岁的李清照提笔就写下了《浯溪中兴颂诗和张文潜二首》，把唐玄宗的骄奢淫逸，整个官场的不干正事批得体无完肤，尤其是那句"何为出战辄披靡，传置荔枝多马死"——为啥曾经横扫天下的大唐铁骑打不过叛军啊？还不是因为你们把好马都用来给贵妃送荔枝了！

这两篇作品的立意深度高下立判，整个大宋文艺圈都被炸得头皮发麻。谁能想到一个十几岁的女孩子写出来的文字，竟然比大多数男人都有批判性。

李清照表示，本少女本来就不比哪个男人差啊！后来，她又抛出了一篇无差别杀伤的文章——《词论》，可以说是把当时所有著名词人拉出来挨个放血：

"柳永的作品曲调新颖，但词句太俗；张先、宋祁、宋庠等人，偶有金句，但整体水平一般；晏殊、欧阳修和苏轼这几位文坛宗师，一肚子学问，写的词却都不在调上，真的很好奇他们是怎么做到的；至于王安石和曾巩老师呢，拜托你们还是老老实实写议论文去吧，这一行真不适合你们啊！

晏几道，故事性太差！

贺铸，没啥深度！

秦观，小家子气！

黄庭坚，残次品！

哦，还有我没提到的，不是你们写的没问题，是你们水平实在太拉胯，我都懒得喷而已。

说完了，都退下吧。

嗯，一句话就是：我不是针对谁，我是说在座的各位呀……都是垃圾。"

并不是说李清照的评价就是对的，只是一个女人这么敢说，这份睥睨众生的胆魄就不是一般人能比得了的。

哪怕是在嫁为人妇之后，李清照也依旧不改女汉子本色。她和老公赵明诚都喜欢金石学，通俗来说，就是一种以考古研究为目的的高端收藏。

这玩意儿，贼费钱。

人间惊鸿客

　　婚后的李清照把用来臭美的预算都砍了，什么衣服首饰包包的全都不要。她宁可省吃俭用粗茶淡饭，也要一车一车地往家里拉文物，然后和老公一起研究、整理、汇总，日子虽然清贫但也忙碌充实。

　　可惜，这样美好的日子却最终毁于战火。

　　靖康之变，金兵南下，北宋灭亡。宋高宗在南方建立了南宋政权，而整个北方都沦为了宋金交战的战场。

　　这时候赵明诚因为奔丧去了江宁①，把李清照一个人留在了北方。危急时刻李清照当机立断，紧急整理了十五车文物准备带走。

　　在这兵荒马乱的世道里，一个弱女子独自上路就已经很危险了，更何况还带着这么多笨重又贵重的文物。遇到杀人成性的金兵怎么办？遇到见钱眼开的盗匪怎么办？这完全就是打又打不过，跑也跑不掉的绝路啊！

　　但李清照就是李清照，她硬是一个人咬着牙完成了这个看似不可能完成的任务，最终成功护送着文物顺利南下，和丈夫赵明诚在江宁团聚了。

　　此时赵明诚的职位是江宁知府，李清照在丈夫的保护下也获得了暂时的安宁。如果是普通的女子，能有个安稳日子也就知足了。

　　可李清照却比满朝文武还操心。她看不惯南宋朝廷的偏安苟且，经常在下雪天里登城远眺北方，写诗吐槽。不是"南来尚怯吴江冷，

———————————

　　① 今江苏省南京市。

北狩应悲易水寒"，就是"南渡衣冠少王导，北来消息欠刘琨"这类讽刺朝廷上下不够爷们儿的句子，写完了还 @ 老公赵明诚让他回复。

别骂了，别骂了。

赵明诚本来文采就不如李清照，更没有李清照那么敢说话，对此苦恼得不行[①]。

李清照只知道朝廷里的高官都是胆小无能的窝囊废，却没想到自己身边也有一个同款。

建炎三年（1129 年）二月，江宁发生兵变。守土有责的赵明诚却尿到一个人跑路，把李清照和满城军民都丢在了脑后。

搞笑的是，这场兵变很快就被平息了，可赵明诚却因为擅离职守的丢人表现被撤了职。他只能灰头土脸地带着李清照顺江而下，两口子一路无话，气氛不算融洽。

当船走到传说中西楚霸王项羽自刎的地方时，李清照有感而发，写了一首《夏日绝句》来凭吊项羽：

生当作人杰，死亦为鬼雄。

至今思项羽，不肯过江东。

---

① 见《清波杂志》。

啪啪打脸啊，朋友们。

李清照说的这哪是项羽啊，这说的完全就是宋高宗和秦桧之流的投降派，更是大难临头各自飞的老公赵明诚啊！

听到媳妇的这首诗，赵明诚的心情肯定好不了。也许是心理作用，也许是身体问题，没多久赵明诚就病死在赴任途中，李清照就此成了寡妇。她没有娘家可回，也没有夫家撑腰，更没有一儿半女可依靠，绝对的孤家寡人。

宋金战事再起，李清照只能跟着大伙儿一路南逃，身边的藏品越来越少，不是在逃亡途中弄丢了，就是被人偷走了，可李清照又有什么办法呢。这一路凶险，百般凄凉，只有她自己承受。

在她最艰难、最无助的时候，她才会错嫁了张汝舟，惹出了那场争议至今的离婚案。

不过她虽然落魄，却依然骄傲。

绍兴四年（1134 年）后，五十一岁的李清照避居金华，潜心整理手中的藏品，打算将夫妻二人多年的研究成果编辑出版，这就是后世金石学研究的重要著作《金石录》。

不过她虽然忙，喷人还是有时间的。

她在编写《金石录》的同时，还写了一部神作《打马图经》并《序》，又作《打马赋》。"打马"是宋代文人间流行的一种博戏，你可以把它当成是带有一定赌博性质的桌游。即便是在今天，爱打游戏的男生也比女生多得多。可李清照却特别钟爱这种男生爱玩的游戏。

李清照从少女时代开始就爱喝两口，也爱赌两手。

她酒量未必有多好，但赌术绝对一级棒。用她自己的话说就是："我就喜欢玩这个，而且咋玩都赢啊，也不知道是我太厉害，还是对手太弱了，反正没输过就是了。"

所以，全程独孤求败的李清照就郑重其事地写了份心得体会，算是自己这个头号玩家写给入门"萌新"的游戏攻略。

当然，李清照写这个不仅仅是为了好玩。她在里面借博弈游戏之事，大量引用历史上有关战马的典故，赞扬了桓温、谢安等忠臣良将的智勇双全。

通篇其实就一个意思：你看看人家，你再看看你们！——真是逮着机会就要讽刺南宋君臣两句，果然是女汉子中的战斗机。

一提到李清照，很多人第一时间想到的都是《声声慢》中的那句"凄凄惨惨戚戚"，脑中浮现的是忧郁愁苦的一个哀怨女子形象。事实上，李清照愁的可不是她的个人问题，她还有更宏大、更雄壮的家国之愁。就比如她写的这首《题八咏楼》：

千古风流八咏楼，江山留与后人愁。

水通南国三千里，气压江城十四州。

大好河山，沦落敌手。朝廷却只知割地赔款，屈膝偏安。李清照只恨自己不是男儿身，不能收拾旧河山，马革裹尸还，她只能把收复故土的希望寄托在后人身上。

后人自然能体会这种独立的女性精神，但当时的人可没那个觉悟。

在生命的最后时光里，李清照曾遇到过一个非常有诗词天赋的小女孩，活脱脱就是自己小时候的翻版。李清照就想收这个女孩为徒，教她诗文。可没想到这个小姑娘却一口回绝，甚至还来了一句：才藻非女子事也^①——作为一个女孩，要那么多才华有啥用？

是啊，有啥用？

在中国古代文学史上有一种有趣的现象，叫男子作闺音^②，就是一个男作者以女性视角写出来的幽怨缠绵，女子看了都不得不服。而李清照则正好相反，明明身为女子，却有不输男子的眼界、气度和情怀，写出的文字满满的"丈夫意气"。

唯一的问题是，在古代的男权社会里，男人写"闺中语"是文坛佳话，女子写"家国事"则是多此一举。李清照身上的"丈夫意气"，不但让当时的男人觉得别扭，就连一个十岁出头的小姑娘都不理解。

但谁说女子就不该才高八斗，谁说女子就不能救国救民呢？

李清照不是史上第一个"女汉子"，也不是最后一个。

---

① 见《渭南文集》载《夫人孙氏墓志铭》。
② 见《西圃词说·诗词之辨》。

在她之前，春秋的许穆夫人一句"百尔所思，不如我所之"和后蜀的花蕊夫人一句"十四万人齐解甲，更无一个是男儿"，不知让多少在亡国危难前无所作为的男子汗颜。

在她之后，逼老公反清复明的柳如是和高唱"男女平权天赋就，岂甘居牛后"的鉴湖女侠秋瑾，更是乱世中女子救国的榜样。

李清照是孤独的，她的思想并不被当时的人们所理解，但不会永远不为人接受。

因为她身上所蕴含的独立之精神，高尚之品格，已经成了今天的我们都习以为常的真理。

辛弃疾

我的大刀，早已饥渴难耐

人间惊鸿客

俗话说，"文无第一，武无第二"。要问中国古代谁的文才最高，估计吵到世界末日也得不出个结论。但要问谁是古代文人中最能打的，那辛弃疾绝对实至名归。

辛弃疾彪悍至极又落寞无比的一生，都概括在《破阵子·为陈同甫赋壮词以寄之》这首词里了：

醉里挑灯看剑，梦回吹角连营。八百里分麾下炙，五十弦翻塞外声。沙场秋点兵。

马作的卢飞快，弓如霹雳弦惊。了却君王天下事，赢得生前身后名。可怜白发生！

在诗词里写刀剑的文人很多，在现实生活中真正用过刀剑的却没几个。而辛弃疾却是一个理论联系实际的好榜样。他真的用刀剑杀过人，而且还不止一个。

南宋绍兴十年［金天眷三年（1140 年）］，辛弃疾出生于济南历城，和李清照是山东老乡。

家人希望他无病无灾地顺利长大，于是就给他起名弃疾。在儿童夭折率很高的古代，这也算是正常操作，比如，历史上的魏无忌、冯去疾、曹无伤、霍去病、刘病已、李延年等都是这个起名风格。

但这并不是家人对辛弃疾的全部期望，尤其是辛弃疾的爷爷，他希望孙子在健康成长的同时，还能成为一个优秀的卧底。

是的，就是身在曹营心在汉的那种卧底。

此时，北宋已经灭亡了十多年，中原大片领土被金国占领。如果按照出生证上的户口所在地来看，辛弃疾应该算是个金国人。

但辛弃疾的爷爷却偷偷告诉孙子，当年靖康之变发生得太突然，咱家没来得及跑，只能选择打入敌人内部伺机而动。所以孩子要记住，你是个宋人，永远都是。

辛弃疾小时候，爷爷没事就带着他去城外转悠。辛爷爷这么做不是为了让孙子亲近大自然，而是给小辛弃疾讲哪条路适合北伐，哪座山适合打埋伏，哪条河适合安营扎寨什么的。在这样的家庭教育下，辛弃疾从小就树立了远大的志向，他一边学知识，一边练习武艺，时刻准备着为收复河山而奋斗终生。

辛弃疾十四岁时考中了金国的举人，并在十五岁和十八岁时两次前往金朝的中都①参加进士考试，但都没有考上②。

倒不是说辛弃疾的水平不行，后世认为辛弃疾是故意考不上的。因为他这两回北上考试就是为了将来北伐去"踩点"的，目的就是摸清沿途的地理环境和进军路线，干的是侦察兵的活儿，要是真考上了反而会限制他的自由活动。

南宋绍兴三十一年［金正隆六年（1161年）］，金朝皇帝完颜亮撕毁合约，亲率大军南下进攻南宋。主力部队都堆到前线，后方自然就空虚了，辛弃疾等待的机会终于来了。

不装了，我摊牌了！我是卧底。

二十二岁的辛弃疾散尽家财，拉起了一支两千人的队伍，正式投入了抗金斗争中。他带着人马加入了由耿京领导的起义军，并被任命为掌书记，主管整个队伍的文书机密，大致相当于军队中的参谋长。

可辛弃疾的抗金大业刚开始就遭到了打击。他拉来的队伍里有个叫义端的和尚，这个货非但六根不净，还是非不分，竟然利用和辛弃疾的亲近关系偷走了起义军的大印，准备去投靠金国人。

这下子可把辛弃疾给坑了。毕竟是你的手下当了叛徒，这事肯定得你这个直属领导来背锅啊。耿京原本是想把辛弃疾宰了的，但辛弃疾却说："给我三天时间，我保证把叛徒和大印都追回来！如

① 今北京市。
② 见《美芹十论》。

果做不到，我提头来见！"

按理说，这个保证完全没意义，谁知道你是不是想跟着义端一起跑路呢。但耿京看着义正词严的辛弃疾，还是选择相信了他。

辛弃疾也不说瞎话，他先冷静地分析了敌我的形势，判断出义端最有可能走的路线，然后亲自带人日夜兼程，在半路上成功截住了义端。

当辛弃疾黑着脸，拎着明晃晃的兵刃一步步靠近时，义端整个人都吓傻了，跪地拼命求饶说："辛大哥我错啦！我知道你是天上的神仙下凡，我知道你能杀人，求求你不要杀我啊！"

这是义端和尚留在这世上的最后一句话。

辛弃疾一刀就砍下了义端的脑袋，然后淡定地拎着人头和大印回去交差了。

可千万别小瞧辛弃疾这次手起刀落的"斩首行动"。先不说亲手杀人需要的心理建设，哪怕是剁过排骨的小伙伴都知道，动物的肌肉组织和骨骼是非常坚韧的，没有足够的力气和技巧根本就砍不动，所以，历朝历代负责砍头的刽子手都是个高门槛的技术工种。

而辛弃疾却能做到一刀就人头落地，这战斗力还用得着多说嘛。

今天语文课本里的辛弃疾画像大多是个长胡子的消瘦老头，看着一点也不凶，其实辛弃疾根本就不长那样。史书上记载，他有一张大红脸，有点黑眼圈，眼神咄咄逼人，又高又胖，虎背熊腰，简直就是张飞的身材配上关羽的脸，让人看一眼都打怵 [1]。

一句话概括：不是虚胖，是死壮，非常符合他山东大汉的地域标签。

砍了义端之后，辛弃疾也重新获得了伙伴的信任。耿京派辛弃疾南下去联络南宋朝廷，希望来个里应外合、内外开花。

一行人辗转来到了建康 [2]，正好遇到了在此视察的宋高宗，他给辛弃疾等人一顿封官许愿，让他们把耿京和队伍都带到南方来 [3]。

事情本来很顺利，可就在办完事北上的路上，辛弃疾接到了一个坏消息：起义军中又出了一个叫张安国的叛徒，他杀害了首领耿京，然后带着部队投降了金国，已经被封为济州 [4] 知州了。

这下子辛弃疾他们就很尴尬了，谁能想到走的时候还好好的，结果自己这边刚谈妥，老家却让人给偷了。

有人说："要不咱也散了得了。"可辛弃疾却坚持要让张安国这个叛徒付出代价。他打算把张安国活捉到南宋公开处决，这样既能给耿京大哥报仇，又能让所有人都知道当叛徒是没有好下场的。

接下来的剧情，完全就是电影大片里才有的"高燃情节"了。

辛弃疾组织了一支五十人的特遣队来完成这个地狱级任务。当

---

[1]　见陈亮，《辛稼轩画像赞》；刘过，《呈辛稼轩》。
[2]　今江苏省南京市。
[3]　见《三朝北盟会编》。
[4]　今山东省巨野县。

然他不是直接冲过去的。五十人对五万，想把敌方主将生擒活捉再全身而退，哪怕是开着高达去也做不到啊。

辛弃疾利用张安国的得意忘形，故意反其道而行之。他带着几十人从容地来到张安国军营外，说有事和他商量。张安国一看对面就这么几个人，根本就没多想，还以为辛弃疾是来投靠自己的呢。

可没想到辛弃疾一见面就把张安国给绑了，然后大声劝降其他人：

对面的五万人听着，你们已经被我们这五十人包围啦！我们后面还有十万援兵马上就到！不想死的就赶紧投降吧！

被绑在马上的张安国有点傻眼。他死也想不到，人数处于绝对劣势的辛弃疾竟然敢如此做。更让他没想到的还在后面，他的手下大多是原来的起义军，本来就对投降金国不满，再加上辛弃疾在军中的名声一直很好，当场就有一万多人站到了辛弃疾这边。

孤身闯入敌营，光凭自身的气势就压倒对方，并成功劝降了远超己方数量的士兵，这种看上去完全不可能完成的任务，之前也有个男人做到过。

他的名字和辛弃疾很像，叫霍去病。

霍去病收降匈奴浑邪王时还不到二十岁，而辛弃疾生擒叛徒张安国，并带着队伍顺利南归的时候也才二十三岁[1]。

---

[1]　《宋史》《朱子语类》《稼轩记》等文献中均有记载。

辛弃疾凭借着惊人的勇气，逆天的智慧和强大的感召力，最终实现了绝地反杀，不但替大哥耿京报了私仇，更让张安国这个卖国贼受到了正义的制裁。

这样的人生，才称得上拥有"挑灯看剑"的豪情和"沙场点兵"的谋略。但遗憾的是，辛弃疾虽有"了却君王天下事"的抱负，最终却只能落得个"可怜白发生"的结局。

到底是哪里出了问题呢？

很多人都觉得辛弃疾一心报国，到了南宋却受到了冷遇。你看他干出那么英雄无双的事，南宋才让他当了一个小小的江阴签判，这也太抠了啊！

还真不能这么说，南宋朝廷一开始对辛弃疾是很够意思的。辛弃疾虽然中过金国那边的举人，但这个学历在南宋这边肯定是不被承认的。江阴签判这个官职其实并不小，是科举考试中三甲以上级别才能获得的待遇。

辛弃疾可没有参加过南宋的科举，他一上来就被分类到文官序列里，这也是相当高的政治起点。要知道宋代是一个把重文抑武刻进骨髓里的朝代，哪怕是从开国到亡国就一直在打仗的南宋，武将也是被歧视的存在。又是砍人脑袋又是生擒敌将的辛弃疾，能获得文官身份，证明南宋朝廷对他还是很优待的。

但时间一长，问题还是出现了。

如果说辛弃疾是最先进的智能操作系统，南宋就是一台超长待机的老年机，这两个玩意是既不兼容也不配套。

首先，是与辛弃疾身份的不兼容。像他这样从敌占区过来的投诚人员，在当时有个专门的称呼叫"归正人"——就是改邪归正、弃暗投明的人。

在政治舞台上，不存在什么"浪子回头金不换"的说法，有瑕疵就是有瑕疵。当时，南宋的主流舆论对这些"归正人"是不信任的，甚至说这帮"归正人"要是真忠于大宋，为什么之前不抗击金朝[1]？还非得等着我们去接应他们，这算什么英雄好汉啊[2]！

这样的身份注定了辛弃疾可以收获南宋朝廷的优待，却很难获得朝廷高层的信任。他刚回归南宋，就赶上了宋高宗禅让，宋孝宗上台搞北伐。

辛弃疾激动得不行，提笔写下了《美芹十论》和《九议》等北伐攻略。但这次北伐压根儿就没他什么事，宋孝宗宁肯信任那些只会纸上谈兵的书呆子，却对有着丰富实战经验的辛弃疾不屑一顾。这次北伐最终只赢得仓皇北顾，草草收场。

其次，就是辛弃疾的行事风格和南宋的整体作风不配套。

正统的宋人对于"重文抑武"的执念已经到了无药可救的地步——不只是文官歧视武将那么简单，就连和"武"字沾点边的文

---

① 见《建炎以来系年要录》。
② 见《鹤峰真隐漫录》。

官都要被人瞧不起。

辛弃疾曾写过一首《满江红》祝贺同事王佐平定了湖南的贼寇。在这首词里，辛弃疾把王佐比作诸葛亮一般的英雄人物，祝福他"金印明年如斗大，貂蝉却自兜鍪（móu）出"。

这里的貂蝉指的不是美女，而是文官帽子上的装饰品，而兜鍪则是士兵的头盔。辛弃疾的意思就是王佐有诸葛亮征南蛮一样的功劳，用军功换来了大好前程。

辛弃疾是在夸王佐，可被夸的王佐却老大地不高兴。状元出身的王佐深刻怀疑辛弃疾是在讽刺他，逢人就说："我们王家正经书香门第，我怎么就有军功了？这不是凭空污人清白吗？读书人的事，怎么能算军功呢？你才有军功呢，你们全家都有军功[1]！"

这就是南宋官场的主流价值观——光动嘴不动手的文人老爷才是高高在上的存在，至于什么整军备武啊，救灾备荒啊，抗击敌寇之类的粗活，谁干谁下贱，干得越好越下贱。

所以辛弃疾讲求效率，追求实际的行事风格，在南宋士大夫眼中就成了"简单粗暴""专横霸道""没有团队精神""只顾自己出风头"等罪名。

比如淳熙二年（1175年），三十六岁的辛弃疾被派到江西剿匪。他步步为营，围追堵截，把叛军逼得只能投降。后来，辛弃疾二话

---

[1] 见《齐东野语》。

不说，直接把叛军全宰了，彻底平定了这次叛乱。

然后他就被弹劾了，理由是"杀人太多"。

后来湖南出了叛贼，朝廷又派辛弃疾去摆平。辛弃疾打报告申请经费，要打造一支"飞虎军"。朝廷里有人心疼钱，也有人看不惯辛弃疾的做法，就下了一个金字牌，命令辛弃疾停止一切活动。这个金字牌是南宋最高等级的行政命令，当年岳飞就是被这玩意逼得不得不放弃北伐的。

可辛弃疾收到金字牌后，就跟没事人一样往怀里一藏。然后给手下人下了道死命令，说："再给你们一个月的时间，要是这编练新军的事再搞不定，老子分分钟弄死你们信不？"

手下人应该是相信的，所以大伙儿累死累活玩命地赶进度，等到上面再来问的时候，飞虎军已经成功组建，之前的停办命令自然也就作废了。

辛弃疾这样的狠人，练出来的军队自然也很能打。他带着飞虎军很快就平定了当地的匪患，甚至还计划着再扩扩编，直接北伐去。

朝廷一看吓坏了，赶紧给辛弃疾换了个地方，说江西闹饥荒，让他去搞定。没办法，辛弃疾不得不去。但他一到江西就发布了一条充满威胁的告示："闭粜（tiào，意为卖粮食）者配，强籴（dí，意为买粮食）者斩"——敢囤积居奇发国难财的，流放和砍头，自己挑一样吧！

真是社会我辛哥，人狠话不多。在他老人家的威胁下，没人敢不配合，这次饥荒问题也成功解决。但他自己却被人弹劾，理由是他作风粗暴，所以又被撤了职。

绍熙二年（1191年），辛弃疾出任福建安抚使。他到了福建一看，说："这地方多山靠海，海盗猖獗，我看还是得练一支新军才能镇得住场子啊。嗯，不如这支新部队的名字就叫……"

朝廷表示：滚。

在南宋的大部分时间里，辛弃疾都处于一种半退休的赋闲状态，他既无法在身份上获得社会主流的认同，也无法在作风上贴合南宋官场的标准。所以他偶尔才会被朝廷拎出来当一个工具人，用完了就被一脚踢开。

他被弹劾的理由也总是"好色""贪财"和"杀人"。而辛弃疾也很少为自己辩解，仿佛默认了自己这三个罪名。

辛弃疾的感情生活的确很丰富，他至少有过七个姜，名字还都是田田、钱钱、整整、香香、卿卿这样的可爱叠词。但说实话，他那点桃色新闻比起南宋士大夫的整体色情程度来说，已经算是很正人君子了，"好色"这个罪名真的不成立。

那辛弃疾"贪财"吗？

当然贪啊，不过他不是为自己贪，而是为了办事。想养军队，想平匪患，想筹备北伐，没钱哪行啊。

朱熹就曾截获过一支辛弃疾的走私船。朱熹和辛弃疾关系挺好，就没把这事上报朝廷，只是私下里跟朋友吐槽了一下[①]。其实在宋代利用军队和职权来做生意是一种半公开的行为。

但你要说辛弃疾为自己搂了多少钱恐怕就过分了。他曾写过一首《最高楼》，也被称为"骂儿词"。因为辛弃疾说要退休，他儿子说："老爹你先别着急啊，先把咱家买田买地的钱挣出来再说啊！"辛弃疾听完气得不行，特意写了首词来骂自己生的这个兔崽子。如果他真的是个大贪官，儿子还用犯愁没钱购买不动产吗？

至于"杀人"嘛，这确实没冤枉他。可如果没有这样的杀伐果断，又怎能实现他北伐中原，收复河山的夙愿呢？

辛弃疾没有为自己辩解，是因为他知道自己唯一的错，就是他始终放不下抗金大业。他就像是一只披着羊皮的狼，再怎么收起獠牙利爪，身上的铁血酷烈也会让那些软绵苟且的绵羊感到害怕。就连和他的主张一样的主战派也受不了他，唯恐和这个作风凌厉的家伙扯上关系[②]，所以他只能在蹉跎中"可怜白发生"。

直到嘉泰四年（1204 年），六十五岁的辛弃疾才最终等到了实现梦想的机会。他被派到宋金对峙的前线镇江，筹备传说中的"开禧北伐"。

---

① 见《与黄商伯书》。
② 《贵耳集》："王（淮）丞相欲进拟辛幼安除一帅，周益公（周必大）坚不肯，王问益公云：'幼安帅材，何不用之？'益公答云：'不然，凡幼安所杀人命，在吾辈执笔者当之。'王遂不复言。"

辛弃疾觉得自己还能打，但放眼四周，好像只有他一个人是真心实意地想北伐。不久后，辛弃疾又遭弹劾，这次连个工具人都没当成就下去了，只留下那首千古传唱的《永遇乐·京口北固亭怀古》：

千古江山，英雄无觅孙仲谋处。舞榭歌台，风流总被雨打风吹去。斜阳草树，寻常巷陌，人道寄奴曾住。想当年，金戈铁马，气吞万里如虎。

元嘉草草，封狼居胥，赢得仓皇北顾。四十三年，望中犹记，烽火扬州路。可堪回首，佛狸祠下，一片神鸦社鼓。凭谁问：廉颇老矣，尚能饭否？

没有出现在对的时间，更没有遇到对的人。

可能这才是辛弃疾最大的悲剧吧。

张养浩

浩然正气与恻隐之心

人间惊鸿客

元文宗天历二年（1329 年），一队来自北京的钦差来到了山东济南郊外一个叫云庄①的地方，给云庄的主人张先生送上了朝廷的任命书。

大老板亲自派人送来工作邀请，这规格待遇可以说是相当高了。但无论是云庄周围看热闹的老百姓，还是来送快递的钦差小哥，都觉得这回肯定又是白跑一趟。

之所以说个"又"字，是因为云庄里的这位张先生，八年里已经拒绝了七次②朝廷征调他当官的任命。诸葛亮也就让刘备三顾茅庐而已，眼前这位张先生竟然比诸葛亮还难请。

不过这一次张先生并没有像以往一样选择拒签，而是第一时间接受了任命，这倒是让所有人都大吃一惊。

---

① 今山东省济南市天桥区张公坟村，现已改建为纪念公园。
② 张养浩"七聘不起"一说为拒绝了七次，一说为拒绝了六次。

难道之前的拒绝都是欲擒故纵，还是这次开的条件特别令人心动？

是的，张先生的确动心了。不过动的不是功名利禄之心，而是孟子口中那人人皆有的"恻隐之心"。

这位张先生就是元代著名的政治家、文学家张养浩。

元世祖至元七年（1270 年），张养浩出生在山东济南。来自孔孟之乡的他有一个非常孔孟的名字，名养浩，字希孟。浩是"我善养吾浩然之气[①]"的浩，希孟则是仰慕孟子的意思。

张养浩的确没有辜负父母给他起的这个名字。他从小品行好，还爱读书，对学习的狂热程度甚至让父母都害怕。以至于张爸爸不得不给小张量身打造了一个"学习防沉迷系统"，一到晚上就把家里的灯藏起来，生怕儿子背着自己偷摸看书。

古代爱读书的人多了，什么"凿壁偷光""悬梁刺股"之类的故事一抓一大把，但张养浩和他们都不一样。

因为元朝的读书人，那是真的惨。

来自草原的蒙古汉子信奉的是谁胳膊粗谁道理大，孔子算老几，他有几个师啊？所以当成吉思汗带着蒙古骑兵横扫欧亚时，能砍人的战士和能赚钱的商人才是团队核心，那些只会摇头晃脑说大道理的读书人根本没啥地位。

---

① 见《孟子·公孙丑上》。

忽必烈建立元朝后虽然有一定的汉化，但总的来说，还是不把读书人当回事。最明显的证据就是大元自建立以来就没举办过正式的科举考试①，甚至把汉人儒生和乞丐妓女相提并论②，其嫌弃程度可见一斑。

"读书无用论"在元朝不是歪理邪说，而是无可辩驳的现实情况。

不考试，读书人就没了出头的机会，要么去种地经商另谋出路，要么就只能给人填个词，写个曲，拿点微薄的稿费养家糊口。要不你以为那么多元曲作品都是咋冒出来的，还不是生活所迫啊。

但张养浩却觉得读书学习本就是一个人应该做的事，哪怕不考试不做官也没关系。

这个境界就很孔孟了。

毕竟孔子曾说过："知之者不如好之者，好之者不如乐之者。"很明显，张养浩就是孔子口中的那种"乐之者"，一个纯粹想要追逐知识、探寻真理的人。

孩子想进步，爹妈也拦不住。反正老张家也不差钱，父母也就由着他去了。

张养浩就这样在琅琅读书声中慢慢长大。十九岁那年，他写的一篇《白云楼赋》意外火爆朋友圈，被破例提拔为东平学正，成了

---

① 窝阔台汗十年（1238 戊戌年、南宋嘉熙二年）时曾有过一次恢复科举的失败尝试，史称"戊戌选试"。
② 见谢枋得《叠山集·送方伯载归三山序》。

一个教育局局长。

十九岁的教育局局长，听着挺带感，但其实啥也不是。在一个没有高考的时代，哪有那么多人需要你去教育啊。张养浩连个正式公务员编制都没有，说难听点就是想贪污腐败都不够格。

可他还是兢兢业业地奋斗在这个岗位上。几年后，他调入北京，在礼部、御史台和中书省等部门又干了好多年的临时工，最终成功转正，在三十六岁时被任命为堂邑县尹。

县尹就是县令，俗称县长。一县之长听着不大，但毕竟是基层的一把手，古代俗称"百里侯"，意思就是在这方圆百里的辖区内，县官就相当于是个微缩版的皇帝了。

按说张养浩的日子应该也挺滋润，但事情哪有那么简单。

堂邑县表面上岁月静好，其实完全就是"庙小妖风大，水浅王八多"的是非之地。

当地最大的黑恶势力头子叫李虎，他在堂邑搞了很多违章的寺庙祠堂，用鬼神之说吓唬老百姓往里面砸钱。利用这些非法所得，李虎不但富甲一方，还拉拢腐蚀县里的公务员，豢养了一群打手小弟，称得上是黑白通吃的地头蛇，张养浩这个县尹说话可能都没李虎管用。

刚到堂邑，张养浩就感受到了这里的险恶。

县衙是县尹的办公室兼招待所，张养浩来了当然要住在这儿。可他刚要进门，就有一个当地的县吏神秘兮兮地提醒他："这个县衙不干净！闹鬼啊，还是换个地方住得好。"

张养浩看着眼前一脸真诚的县吏，又想了想沿途那些香火鼎盛的违章寺庙就明白了。

闹鬼是假，下马威是真。

如果自己这个县尹都被所谓的"鬼"给吓得搬家，那李虎的目的就达到了。连县衙这种本该正气凛然的地方都闹鬼，那县里的老百姓就更得去庙里烧香磕头求保佑了，到时候李虎也就可以继续作威作福了。

得嘞，看来自己这个县尹上任后要办的第一件事竟然是"抓鬼"啊。

张养浩从小读着圣人之言长大，既不会开坛作法掐诀念咒，也不懂大威天龙般若诸佛什么的。不过这并不影响他的"抓鬼"大业。因为他要对付的就不是真的"鬼"，而是那些心里有鬼还鬼话连篇的人。

就比如，眼前这位"好心"的县吏。

张养浩对那县吏微微一笑，表示自己还真没见过鬼，若能开开眼界也不错嘛。然后他就在县吏惊讶的目光中走进了传说中"闹鬼"的县衙，不管不顾地住了下来。

这一夜，所有人都一副见了鬼的表情，只有张养浩连个鬼影子都没见到。然后他就顺理成章地发布了一道拆迁令：既然传说中的鬼并不存在，那些违章盖的什么寺啊庙的就全拆了吧！

明着拆掉的是违章建筑，实则是断恶霸李虎的财路，更是拆堂邑老百姓心头的一座牢笼——哦，原来所谓的鬼神也没那么灵验啊，原来看上去牛哄哄的李虎也有吃瘪的时候啊。

人心就是这么微妙，窗户纸都被捅破了，接下来就好办了。

张养浩践行群众路线，他减免赋税，鼓励老百姓垦荒种地多打粮食。大伙收入提高了，日子就好过了，自然对新来的张县尹感恩戴德。

之后张养浩又来到县衙的监狱，这里面关着很多犯人。其实小地方也没什么江洋大盗，多数还是为生活所迫的老百姓。张养浩当场下令把这些人放出来，说："你们可以回家啦，以往的犯罪记录一笔勾销，回去好好过日子，别再犯法啦。"

张养浩的这一系列操作，给了堂邑县百姓希望，百姓们也用自己的行动回报了张养浩，全都"路转粉"成为他的坚定支持者。

有了最广泛的民意支持，张养浩自然也就可以放手大干一场了。他迅速出手，在全县开展了轰轰烈烈的"扫黑除恶专项治理"行动，将李虎为首的黑恶势力犯罪团伙连根拔起，让他们受到了法律的制裁。

铲除了黑恶势力这一毒瘤后，张养浩还带头搞起了反腐倡廉。他自己以身作则，把住的地方改名叫"四知堂"，用的就是东汉名臣杨震拒绝贿赂的那句名言——"天知，神知，我知，子知。何谓无知[①]？"

---

① 《后汉书·杨震列传》：当之郡，道经昌邑，故所举荆州茂才王密为昌邑令，谒见，至夜怀金十斤以遗震。震曰："故人知君，君不知故人，何也？"密曰："暮夜无知者。"震曰："天知，神知，我知，子知。何谓无知？"密愧而出。

　　这就是在告诉那些想搞歪门邪道的家伙，把腐蚀干部的龌龊手段都收起来，老子不吃这一套！

　　在张养浩担任堂邑县尹的三年里，吏治清明，百姓安居，以至于在他调走十年后，当地老百姓还在传颂和纪念他[1]。

　　当然，张养浩调回中央后也不是去享福的。三年的基层见闻让他看到了世界的残酷真相。而高高在上的朝堂诸公却只知道争权夺势，钩心斗角，完全不管天下的百姓是死是活。

　　义愤填膺的张养浩骂皇帝，喷大臣，火力值拉满。可这番为民请命的热血换来的却只是排挤和暗算，甚至逼得张养浩最后不得不办假证跑路。

　　直到元仁宗上台后，张养浩才算是真正得到重用。他深度参与了元朝历史上的一件大事，那就是延祐元年（1314年）的"延祐复科"。

　　是的，大元朝终于恢复高考了。"喜大普奔"，普天同庆。

　　此时距离南宋灭亡已经过去了三十多年，距离金国灭亡也已经过去了整整八十年。科举制度自诞生以来就没中断过这么长时间，现在终于要恢复了，无数读书人又有了实现梦想的机会。

　　而张养浩就是这次科举考试的主考官。

　　这可是元朝开国以来的第一次科举，妥妥是要名垂青史的。按

----

　　[1]　《堂邑县志》卷十一《名宦》。

照一般人的思路，这次考试肯定得高标准严要求，这样才能凸显主考官的能力水平，还能留下一个为国选材的好名声。

但张养浩却反其道而行之。他表示这次考试平均分不要整太低，录取也别太严格，就算那些没考上的，也不能一脚踢开，还是得好好安抚照顾一下的。

这不是张养浩故意放水没原则，而是他知道全天下的读书人等这个机会已经等得太久太久了，能在苦日子里坚持这么久的都是和自己一样真心热爱学习的人，朝廷绝不能寒了他们的心。

通过"延祐复科"，张养浩遴选出一大批有真才实学的优秀学子，这里面的很多人都成为日后的名臣。

考试结束后，这些心怀感激的考生组团去张养浩家要表示表示，可没想到张养浩压根儿连门都没出，让人递出来一张纸条，上面写着：你们应该感谢朝廷，以后好好工作报效国家，不用谢我。赶紧散了吧！

古人讲究"天地君亲师"，师生关系的亲密程度仅次于血缘关系，所以主持科举考试就是扩展自身人脉的最好方式，轻轻松松就能捞一个"门生故吏遍天下"的标签。

但张养浩却从没有以此邀功或者趁机拉帮结派的意思，在他看来这就是自己应该做的。

延祐七年（1320 年），张养浩被任命为参议中书省事，已经算是政府高层决策圈子中的一员。但他却并没有更进一步，反而选择了急流勇退。

因为在这一年，元仁宗去世，元英宗继位了。

这位年轻的皇帝脾气臭，能折腾，还喜欢杀人，就连张养浩这样的元老重臣提意见都差点挨收拾，前朝后宫里各种矛盾一触即发。

张养浩是一个非常正统的儒生，但儒生并不是一根筋的意思。你看孔子那么强调忠孝的一个人也曾经说过，对待父母要"小杖则受，大杖则走"，对待国家要"天下有道则见，无道则隐"。

通俗来说，就是千万别"头铁"，因为头会掉。

于是张养浩果断地选择了退休，理由是要回家尽孝。

当然，这只是离职报告上写的借口，真正的原因只有他自己心里知道。估计是已经看到了朝堂未来的乱象，不想把自己给搭进去①。

果然，几年后元英宗就被暗杀，朝堂上杀得尸山血海，换皇帝就跟玩似的。而张养浩躲过了这波腥风血雨，回到济南老家修了个大房子，起名叫"云庄"。

之后，每个新皇帝上台后都想返聘张养浩来给自己撑门面，提供的工作岗位一次比一次高，福利待遇一次比一次好，张养浩则全部婉拒。

他没事就在云庄里写写诗，喝喝酒，见见老朋友。或者看看街

---

① 见《郊居许敬臣廉使见过》。

坊邻居有没有什么困难，能帮的就帮一把，怎么看都像是要把退休时光享受到底的样子。

直到天历二年，朝廷送来了第八份任命书，才宣告了张养浩退休生涯的结束。

因为这份任命书上给出的职位是陕西行台中丞，负责的工作则只有一个：

救灾！救灾！还是救灾！

陕西已经连着三四年一滴雨都没下，地里的粮食颗粒无收，老百姓早都断粮了。

更惨的是天灾之外还有人祸。之前元朝的皇位之争引发了大规模的内战，陕西则是连番内战的主战场。干旱造成的粮食绝收再加上战火的反复蹂躏，已经把曾经富庶的关中平原变成了饿殍遍野的人间地狱①。

史书里只用五个字就带来了开屏雷击的效果——"大饥，民相食"。简单来说，百姓已经惨到开始"吃人"的地步了。

所以，这一次张养浩才毫不犹豫地接下了朝廷的任命书。他在最短的时间内把手头的不动产变现，能带的带，带不走的就直接分给家边上的穷苦老百姓。然后张养浩不顾自己六十岁的高龄，含泪辞别年迈的母亲，毅然决然地踏上了前往陕西的救灾之路。

---

① 见陈广恩，《关于元朝赈济西北灾害的几个问题》。

人间惊鸿客

　　一出山东地界，张养浩就惊了。

　　一路上到处都是骨瘦如柴到看不出人样的灾民，他们啃树根，吃草皮，典妻卖女也求不到一条活路。路边饿死的人一个叠着一个，一堆压着一堆，尸体腐烂的臭味几里外都呛鼻子①。

　　这个时候张养浩还没走到自己就任的陕西，按理说，沿途百姓的死活并不在他的职权范围内。但他依然一路拿自己的私房钱救人，给活人续命，给死人安葬，尽全力帮助这些灾民。

　　本以为这一路走来看到的已经是人间地狱，没想到陕西的情况竟然比这人间地狱还可怕无数倍。张养浩在给朝堂同僚的一首诗里写道：

　　　　　　西风匹马过长安，饥殍盈途不忍看。

　　　　　　十里路埋千百冢，一家人哭两三般。

　　　　　　犬衔枯骨筋犹在，鸦啄新尸血未干。

　　　　　　寄语庙堂贤宰相，铁人闻此也心酸。②

　　老百姓真的是太惨了，有人甚至杀了自己儿子给老母亲充饥③。

　　今天的女孩问"我和你妈掉水里你先救谁"，只是热恋中的一

————————————

　①　见《祭李宣使文》。
　②　见《三事忠告》。
　③　见《为民病疫告斗文》。

种无聊假设，而在七百多年前的关中大地上，真的有人要面对这样的灵魂拷问：

一边是自己生养的孩子，一边是生养自己的母亲！两个只能活一个，而且还是杀了其中一个给另一个填饱肚子。怎么选？

张养浩不知道这道题怎么选才是对的，但他知道，如果世道已经糟到要逼着老百姓去做这样的选择，那这个朝廷的治理方式明显存在巨大的问题。

面对这样的人伦惨剧，张养浩心痛不已，他只能一次又一次地拿出自己的工资去接济灾民。但要救更多的人，光靠他一个人是不够的。

要救灾，需要粮食，需要药品，需要团队，需要一方有难八方支援，需要群策群力守望相助。

但很遗憾，这些张养浩都没有。

当时元朝高层钩心斗角，政府财政入不敷出，民间盗匪横行，地方军阀遍地，政府的赈灾能力已经低到令人发指的程度。

无奈的张养浩只能在赴任途中一路磕头求雨，不知是巧合还是他的虔诚感动了老天爷，等他到了陕西还真就开始下雨了。

但这雨落到地上也不能立刻就变成粮食，还是需要先让灾民填饱肚子。张养浩就跟朝廷申请政策，鼓励商人往陕西贩运粮食来换取官爵，运来的粮食越多，给的官就越大。这一招很奏效，很快粮食就源源不断地运进关中。

有了粮，还得保证老百姓能买得到，买得起。

当时贪官污吏和无良奸商横行，他们坐等着发国难财，那些救命粮就成了他们手中最好的筹码。老百姓买东西用的是政府发行的纸钞，经常有些破损、折痕、图案模糊等情况。这帮奸商就说这钱不能用，让他们去官府换成新票子。等老百姓拿着旧钞去官府兑换，那些贪官又趁机刁难，想换新钞可以，不过要打个对折，一百块只能换五十块！欸，你还别急眼，就这还得排队呢。你爱换不换，反正饿的又不是我。

乘人之危，落井下石，说的就是这帮人。

于是张养浩就想了个法子，他把衙门里收集上来的纸钞盖上自己的私人印章，无偿换给老百姓，让他们去买粮食，相当于是用陕西救灾指挥部的名义给灾民们做担保。

这下子没人敢搞小动作了，市场秩序很快得到了恢复，灾民们终于不用担心饿肚子了。

挺过了饥荒还得防着瘟疫。张养浩提前布置，指挥大伙展开了轰轰烈烈的防病抗疫斗争，他甚至向上天祈祷，愿意为黎民百姓担下所有的病痛和苦难[①]。

在陕西救灾的四个月里，张养浩白天外出救灾，晚上苦思对策，一直住在办公室里，给他准备的舒适招待所是一天都没住过。他没

---

① 见《为民病疫告斗文》。

日没夜地忙，恨不得把每一秒钟都利用起来，完全不像是一个六十岁的人。

他一心为民的精神感动了很多人，鼓舞了很多人，也带动了很多人。他们跟着张养浩一起忙前忙后，努力工作，默默地为灾民做事。最终陕西的灾情得到了缓解，很多一只脚已经踏进鬼门关的人被张养浩硬生生地拽了回来。

他们活了，张养浩却死了。

超负荷的工作强度摧毁了张养浩的健康，他最终牺牲在抗疫救灾的工作前线。

他的死讯传出，"关中之人，哀之如失父母"。

在今天提到张养浩这个名字，肯定不如李白、杜甫、苏轼、李清照等文坛大佬那么有名。但他那超越时间，纵贯历史的"兴亡苦叹"，却成了照亮历史长河的熊熊火炬。这就是张养浩在赴陕西救灾途中写的那首《山坡羊·潼关怀古》：

> 峰峦如聚，波涛如怒，山河表里潼关路。
>
> 望西都，意踟蹰。
>
> 伤心秦汉经行处，宫阙万间都做了土。
>
> 兴，百姓苦；亡，百姓苦。

唐寅

原谅我这一生不羁放纵爱自由

人间惊鸿客

明正德九年（1514年），江西豫章宁王府。

一个使者正在向老板宁王朱宸濠汇报工作：王爷，您请来的那位唐先生又双叒叕作妖了。

宁王以手扶额："他这次又咋啦？撒酒疯？耍流氓？说胡话？还是随地大小便啊？"

使者一脸为难地说："嗯，那个，唐先生光着屁股给俺们表演了一段不可描述运动。具体的操作细节小的们不能说，也实在说不出口啊①。"

宁王听完气得差点爆血管，怒吼道："这什么名士才子啊！简直就是个精神病！赶紧让他滚蛋！"

宁王全体手下：呜呜呜，可算盼到这一天了。然后他们第一时

---

① 见《四友斋丛说》。

间给唐先生办理了离职手续，光速送他回苏州老家。

这位因过于黄暴下流而惨遭同事嫌弃，被老板开除的唐先生，就是传说中的风流才子唐伯虎。

呃，不是风流才子吗？怎么画风突变成下流大叔了？

因为此风流非彼风流啊。

古代文人口中的"风流"指的是文采超卓，个性洒脱，不被俗世礼法所拘束的意思。而今天老百姓口中的"风流"，大家懂的都懂，所以人们总是默认唐伯虎就应该是有颜又有钱，不然哪能泡到妹子呢。

最明显的证据就是从 1926 年到 2017 年，约有 22 部关于唐伯虎的影视作品上映。郑少秋、周星驰、黄晓明、张家辉等知名演员都演过这个角色，普遍颜值都很能打。

但实际上，这么多演过唐伯虎的人里，真没有几个符合真实历史原型的。因为历史上的唐伯虎就是一个发量堪忧的白胖子[①]，任谁看了都得少女心稀碎的那种。

至于广为流传的所谓"唐伯虎点秋香"的故事，在明代嘉靖年间就开始流传[②]，后被著名文学家冯梦龙二次创作改编为《唐解元一笑姻缘》，并最终发展为我们今天熟悉的"三笑姻缘点秋香"。

实际上唐伯虎有过三段婚姻，两个媳妇早死，一个嫌贫爱富把

---

① 见《花溪渔隐图》。

② 见《蕉窗杂录》。

他踹了，他没娶过妾，死的时候也是孤苦一人。只不过因为他最后一任妻子叫"沈九娘[①]"，就被后人编排出八个媳妇和一个秋香，莫名其妙就成了明代小说里开后宫的第一人。

对此当事人唐伯虎只能表示离了大谱。

其实唐伯虎到底是个怎样的人，明代人早有结论，他们认为唐伯虎就是个"畸人[②]"。这里的"畸"指的不是贬义的"畸形"，而是夸人有才华，有个性，与众不同又不按套路出牌的意思。

通俗来说就是：我就是我，是颜色不一样的烟火。

唐伯虎的家庭出身和成长经历深刻影响了他的人生走向。他出身于苏州府吴县的一个商人家庭，父亲是个开酒馆的个体户，生意做得虽然不大，但也能保证一家人的温饱。唐伯虎是老大，下面还有一个妹妹和一个弟弟。

唐爸爸虽然是个商人，却一直想把儿子培养成读书人。因为在明代，商人格外受歧视，想改变命运，唯一方法就是当学霸，然后登科，做大官。

唐伯虎小时候很贪玩，不是抓鸡撵狗地疯跑，就是在家里的餐饮生意里帮忙，也没见他怎么用功读书。但也许是老天爷赏饭吃吧，他十五岁进入县学，十六岁就考了个苏州府试的第一名，顶着"市状元"的光环成为一名秀才。

---

① 见《扬州道上思念沈九娘》。
② 见《西园闻见录》。

明代的苏州经济发达，教育水平高，考试竞争非常激烈，能在这种地方成为"市状元"可是非常厉害的。唐伯虎一下子就成了当地有名的神童，他收获了名气和关注，还交到了两个影响他一生的好朋友——祝枝山和文徵明，俨然已经是当地上层文化名流中的一员了。

十九岁时，唐伯虎迎娶了妻子徐氏，两人婚后生下一子。此时的唐伯虎，家庭、事业、友情、前途样样顺心，称得上是人生得意，那自然就怎么嗨怎么玩呗。

唐伯虎家隔壁住着一个叫张灵①的才子，和唐伯虎年纪相当，非常能玩到一起。他俩就经常一起翘课去撩妹子喝花酒，喝多了，两人就光着屁股跳到学校的景观池里打水仗②。他俩甚至还拉上大他们十岁的祝枝山一起扮丐帮成员，跑到妓院门口献唱要钱，然后拿钱买酒去郊外喝到断片儿③。反正荒唐事没少干就是了。

唐伯虎有天马行空的才情，也有自由散漫的毛病。出身商人之家的他缺乏儒家礼法的教育熏陶，年少成名的一帆风顺又助长了他这种狂傲不羁的个性。说白了就是文化知识满分，性格养成瘸腿。这样的人在顺境中还好，一旦遭遇逆境就容易崩。

---

① 也作张岭。

② 见《吴郡丹青志》。

③ 《尧山堂外纪》有载。另唐寅《怅怅词》中有"老后思量应不悔，衲衣持钵院门前"亦可证。

但人生又怎会全是康庄大道。

在唐伯虎二十五岁这一年，父母、妻子、儿子和妹妹先后去世，原本热闹的家里只剩下他和年幼的弟弟相依为命。

巨大的打击让唐伯虎瞬间就长出了白发。他无心学习，也不管家里事，就每天花钱买醉，借酒浇愁，流连于烟花柳巷，眼瞅着这人就要废。好在祝枝山和文徵明这两位好朋友在旁边不抛弃不放弃地劝，唐伯虎才从自暴自弃的状态中走了出来，开始认真准备接下来的乡试。

可他因为以往的荒唐，在学校教务处那都挂了名了，差一点连考试资格都捞不到。最后还是靠各路亲朋好友求情，才以名单最后一名的候补身份勉强获得了一张准考证。

其实这已经是一次命运的黄牌警告了，提醒唐伯虎有才无德是走不了多远的。可惜唐伯虎又失去了一个吸取教训的机会，因为他一不小心又考了个"省状元"，人称"解元"。为此唐伯虎还专门给自己刻了个章，上面写的就是"南京解元"四个字。

古人的印章就跟今天大家在网络媒体上的个性签名一样，是用来表达心情或显示状态的。除此之外他还刻了"江南第一风流才子""龙虎榜中名第一，烟花队里醉千场"等一系列张扬到不行的印章，就差把"老子最牛"这几个字写在脸上了。

此时的唐伯虎可以说是春风得意，周围人一个劲儿捧他，坚信他能再来个"连中三元"，就连他再婚的第二任妻子也是冲着他未来的远大前程才嫁给他的。

在这一片吹捧声中，只有好友祝枝山和文徵明泼了冷水。他俩都劝唐伯虎要戒骄戒躁，谦虚谨慎，毕竟以后的路还长着呢。

但唐伯虎可不这么想，祝枝山和文徵明自己连个举人都没考中呢，还搁这跟他叨叨叨呢。老子这么有才，成功指日可待。什么慎独啊，什么谨慎啊，和我有一毛钱关系吗？

于是，唐伯虎不但没有收敛，反而变本加厉地纵情享乐，他甚至还给文徵明回信说："我这个人天生就这个脾气，你们要是不喜欢就别和我做朋友了[①]！"

唐伯虎膨胀了，他觉得最终的状元已经非自己莫属，自然听不进这些逆耳的忠言。

弘治十二年（1499年），唐寅进京赶考，和他同行的是一个来自江阴的大款，名字叫徐经。徐经有钱，一路上好吃好喝好玩全是他买单，唐伯虎蹭他的船走那真是舒服得不得了。

但如果上天能给他一次重来的机会，唐伯虎一定会选择乖乖听朋友的劝，老实做人，低调做事，尤其是不能上徐经的这条贼船！

因为这条小船没把唐伯虎送上高中状元的彼岸，而是让他一头栽进了一场扑朔迷离的科举舞弊案。

对于弘治年间的这场科举舞弊案一直众说纷纭。比较公认的说

---

① 见《与文徵明书》。

法就是那一年的考试特别难，大家都考得稀烂。只有徐经和唐伯虎考前不复习，考后不着急，各种花天酒地，各种聚会"嗨皮"，就好像已经确定自己能考中一样。

更让人觉得不对劲的是，主考官程敏政在批卷过程中还特意提到了这两人的名字，而唐、徐二人在开考前也和程敏政走得挺近[①]，这实在是让人浮想联翩啊。

于是，程敏政、徐经和唐伯虎就被举报了。皇帝专门成立了专案组来查这个事，三个人都被关进了大牢。调查虽然无法证明这三人存在舞弊行为，但你们仨在考试前那么眉来眼去的肯定也没啥好事，最终的处理结果是程敏政强制退休，徐经、唐伯虎开除学籍，直接下放到地方衙门里当个没正经编制的临时工[②]。

有观点认为这桩案子背后涉及当时朝堂的高层斗争，是有人在借机整程敏政，而唐伯虎和徐经则是神仙打架里跟着遭殃的两个小鬼。

但事已至此，后悔也没用了，说到底，脚上的泡都是自己磨出来的。对于这个处理结果，徐经表示可以接受，反正他家有钱，不当官也能活挺好。他不只是自己不参加科举考试了，以后他们整个老徐家都对科举这事有了心理阴影。所以，他后来有个孙子不参加科举考试，跑去当驴友了，还写了本厚厚的《徐霞客游记》，那就是另一个故事了。

---

① 见《尧山堂外纪》。
② 见《明孝宗实录》。

可这件事对于唐伯虎来说却如同晴天霹雳，曾经的天之骄子，众人追捧的少年天才，科举考试中的神童，竟然被扣上了一个科举舞弊的罪名，这反差实在是太大了。

他哪有脸去当那个临时工啊，只能失魂落魄地回了家。

当你高高在上时，人人都在底下捧着你。而你一旦落入深渊，也就只能看到他们的脚底板了。

唐伯虎回到故乡，那些曾以他为傲的邻居全都一张冷脸，家里的仆人看不起自己，就连家里的看门狗都冲他龇牙咧嘴，真是实力演绎了一把什么叫连狗都嫌。

郁闷至极的唐伯虎不想在家里看别人的臭脸，直接拎起行李就玩了一把离家出走，以此来舒缓心中的憋屈。

这是唐伯虎一生中时间最长、行程最远的一次出行，他走过江苏、江西、湖南、浙江、安徽等地，在江南的明山秀水中一点点治愈自己受伤的心灵。直到心情平复得差不多了，身上的钱也没剩多少了，他才不情不愿地回到了家。

可一回家他就差点又气背过去。

因为家里都被搬空了，什么值钱玩意也没剩下，全被他第二任妻子给卷走了。这女人本来就是冲着唐伯虎能飞黄腾达来的，现在他都如此落魄了，傻子才和他继续混在一起呢。

唐伯虎也只能苦笑着写下休书，不然还能咋办，自己都混成这样了，也没脸说人家不讲究。这之后唐伯虎大病一场，整个人也变得更颓了。他当官已经没指望，种地经商又不会，只能靠给别人写字画画挣钱。他和弟弟分了家，自己孤身一人，有钱就泡妓院，没钱就饿肚子，反正就彻底不好好过了。

朋友文徵明看不下去了，就写信劝唐伯虎要振作。但被现实打击到崩溃的唐伯虎已经完全听不出好赖话了，哪怕是面对二十多年交情的老朋友，他也表现得既敏感又逆反，甚至跟文徵明表示你要再磨叨咱俩就绝交。

文徵明也不好再多说了，只能想方设法接济一下唐伯虎。

弘治十八年（1505 年），36 岁的唐伯虎通过攒钱加众筹的方式在苏州城北修建了桃花坞[①]，从此搬到这里居住，他还自称"桃花坞主"。

在这里唐伯虎找到了暂时的安宁。他娶了第三任妻子沈九娘，两人后来生了个女儿。唐伯虎卖字画赚钱，沈氏则在家里操持家务。

2013 年，唐伯虎的一幅《庐山观瀑图》在纽约苏富比拍卖会上，以 5.9 亿美元（按当时汇率约为 35.9 亿人民币）的天价拍出。

但那毕竟是今天的事，当年唐伯虎的字画既没那么畅销，也没那么值钱，完全靠走量来维持生活。

"信是老天真戏我，无人来买扇头诗"——没有生意，一家人就只能饿肚子。

---

① 徐祯卿《唐生将卜筑桃花之坞，谋家无赀，贻书见让，寄此解嘲》。

"天然兴趣难摹写，三日无烟不觉饥"——欸，我都三天没见着粮食咯！不过你猜怎么着，饿着饿着就习惯啦。

和其他吃饱了饭把画画当消遣的文人不同，唐伯虎画画完全是为了混口饭吃，属于绝对的买方市场。所以他既画高雅的文人山水画，也会根据客户要求提供定制版的低俗小黄文和小黄图。这反而让他的画风融会了文人意趣和市井俚俗，最终自成一派，成为一代大家。

日子虽然过得挺苦，但家中有妻女相伴，外面还有祝、文等挚友交心，这生活还算有点小希望。就如同唐伯虎那首著名的《桃花庵歌》里描绘的那样：

桃花坞里桃花庵，桃花庵里桃花仙。

桃花仙人种桃树，又摘桃花换酒钱。

酒醒只来花前坐，酒醉还来花下眠。

半醒半醉日复日，花落花开年复年。

但愿老死花酒间，不愿鞠躬车马前。

车尘马足贵者趣，酒盏花枝贫贱缘。

若将富贵比贫者，一在平地一在天。

若将花酒比车马，他得驱驰我得闲。

别人笑我太疯癫，我笑他人看不穿。

不见五陵豪杰墓，无花无酒锄作田。

你富贵在天，我悠悠得闲。

你笑我不通世故太疯癫，我笑你沉沦俗世看不穿。

你看那些曾经显赫一时的英雄现在又在哪里？

还不如我看着桃花喝着酒，逍遥似神仙。

这首《桃花庵歌》最能说明唐伯虎此时的人生态度——不为尘缘俗事所牵绊，不为礼法道德所约束，不在意他人的眼光和标准，以自己内心的主观感受为第一准则。这就是屡遭暴击的唐伯虎唯一能说服自己的方式。

但命运似乎依然不打算放过他。

正德七年（1512年），妻子沈九娘因操劳过度去世。唐伯虎悲痛欲绝，写下《绮疏遗恨》十首来悼念亡妻，此后他终生没有另娶。

家庭再遭变故后，一个更可怕的危机也接踵而来了。正德九年，宁王朱宸濠请唐伯虎去他那当官，唐伯虎心动了。

其实宁王当时是群发的招聘信息，比如文徵明也接到了宁王的骚扰短信，却直接当没看见①。文徵明劝唐伯虎别去，唐伯虎不信邪，非得去。

这就是唐伯虎和文徵明的差距。因为他到了宁王那里才明白文徵明为啥不来——这货明显是想造反啊！

唐伯虎后悔了，想闪人，却忘了有句话叫"来都来了，想走可

---

① 见文嘉，《先君行略》。

就没那么容易了。"

不得已，唐伯虎只能把全部的演技都用在装疯卖傻上面了，这才有了开头辣眼睛的一幕。这样唐伯虎才成功脱身，后来宁王造反失败被处理的时候也没怎么牵连到他。

但经历了这么一波劫难后，唐伯虎第一次认真地反思起自己之前的人生。

他又给文徵明写了封信，说："要论画画写诗，我还能和你比一比；但要说起学问和德行，在你面前我真的自愧不如啊！真得好好跟你学一学啊①！"

这一年，唐伯虎四十五岁，才终于明白了二十多年前文徵明跟他说过的道理。

命运是不公的，给唐伯虎一生挖了这么多坑；命运也是公平的，因为所有的坑都是唐伯虎在为自己的轻浮、狂傲和不谨慎买单。

他曾是一个少年天才，却终身被排除在体制之外。唯一一次进入体制的机会，竟然还是个造反的王爷给的。

他风流多情，流连欢场，给不知道多少妓女写过小黄文，给多少宅男画过小黄图。晚年的他却皈依佛教，自称"六如居士②"，孤独地病死在桃花坞里。

---

① 见《又与文徵明书》。

② 《金刚经·应化非真分》："一切有为法，如梦幻泡影，如露亦如电，应作如是观。"

他生命中的最后一首诗叫《临终诗》，现存两个版本。

版本一收录于《唐伯虎全集》中：

> 生在阳间有散场，死归地府又何妨。
>
> 阳间地府俱相似，只当漂流在异乡。

另一版本附录在全集的《燕中记》中：

> 一日兼他两日狂，已过三万六千场。
>
> 他年新识如相问，只当漂流在异乡。

不管是哪个版本，最后一句都是一样的。

可见在唐伯虎的心里，自己终究是个走错片场的异乡人。

不好意思，这个世界和我不搭。

图书在版编目（CIP）数据

人间惊鸿客 / 王磊著. -- 北京 : 中国友谊出版公
司, 2022.6（2023.11重印）

ISBN 978-7-5057-5481-2

Ⅰ.①人… Ⅱ.①王… Ⅲ.①文人 – 生平事迹 – 中国
– 古代 Ⅳ.①K825.4

中国版本图书馆CIP数据核字（2022）第093291号

书名	人间惊鸿客
作者	王 磊
出版	中国友谊出版公司
发行	中国友谊出版公司
经销	北京时代华语国际传媒股份有限公司　010-83670231
印刷	北京盛通印刷股份有限公司
规格	880 毫米 ×1230 毫米　32 开
	8 印张　150 千字
版次	2022 年 6 月第 1 版
印次	2023 年 11 月第 4 次印刷
书号	ISBN　978-7-5057-5481-2
定价	49.80 元
地址	北京市朝阳区西坝河南里 17 号楼
邮编	100028
电话	（010）64678009